NAGEL & KIMCHE

Überarbeitete Neuausgabe
1. Auflage 2022

© 2022 Verlag Nagel & Kimche AG, Zürich
Erstmals erschienen 2002 bei Sanssouci
im Verlag Carl Hanser
Satz: im Verlag, gesetzt aus der Marion
Umschlag: JournalMedia GmbH, München,
unter Verwendung von Bildmotiven von Adobe Stock
Druck und Bindung: CPI books GmbH

ISBN 978-3-312-01232-9

Printed in Germany

MIX
Papier aus verantwor-
tungsvollen Quellen
FSC® C083411

Eveline Hasler

Spaziergänge durch mein
TESSIN

Landschaft, Kultur und Küche

Mit Illustrationen von
Hannes Binder

NAGEL & KIMCHE

Inhalt

Mein Tessin, das ist das Locarnese mit den umliegenden Tälern. Und die Menschen mit ihrer Geschichte und ihren Geschichten, ihren Wegen und Siedlungen, und nicht zuletzt mit der ursprünglichen schmackhaften Küche.

Gewiss, das Auto bringt mich bequem in die Täler, doch eine Landschaft sinnlich erfahren heißt, sie abschreiten. Zu Fuß reduziert sich meine Geschwindigkeit auf ein menschliches Maß, ich kann innehalten für eine Begegnung, die Augen schärfen sich für Farben und Formen, die Ohren öffnen sich für fernes Wasserrauschen, die Fußsohlen erspüren auf dem Weg die Beschaffenheit der Granitplatten. Es riecht nach Kastanienblüten und frischem Rosmarin, im Gehen kann man die Luft auf der Haut spüren.

Hungrig und durstig kehrt man am Wegrand in eines der Grotti ein – Felsenkeller, die ursprünglich zum Aufbewahren des Weins und der Lebensmittel dienten – , und in denen heute die typischen Tessiner Speisen serviert werden. Die Tessiner Küche – ursprünglich eine cucina povera mit einfachen Gerichten – überrascht durch ihre Nuancen, ihre fein abgestimmte Würze, und, dank frischer Zutaten, ihre saisonal bedingten Besonderheiten. So kann sich der Risotto rund um das Jahr verwandeln: vom Spargelreis zum Bärlauchreis zum Heidelbeerreis und so fort.

Guckt man den Köchinnen und Köchen über die Schulter, so arbeiten viele von ihnen intuitiv: Sie kennen keine Küchenwaagen, rechnen mit fünf Handvoll Reis, einem

Zweiglein Oregano oder einer halben Eierschale voll Marsala. So braucht man für manches hier erwähnte Rezept beim Nachkochen auch eine Prise Phantasie; aber sie ist es ja auch, die diese Spaziergänge in der Erinnerung oder der Vorfreude lebendig hält.

Eveline Hasler

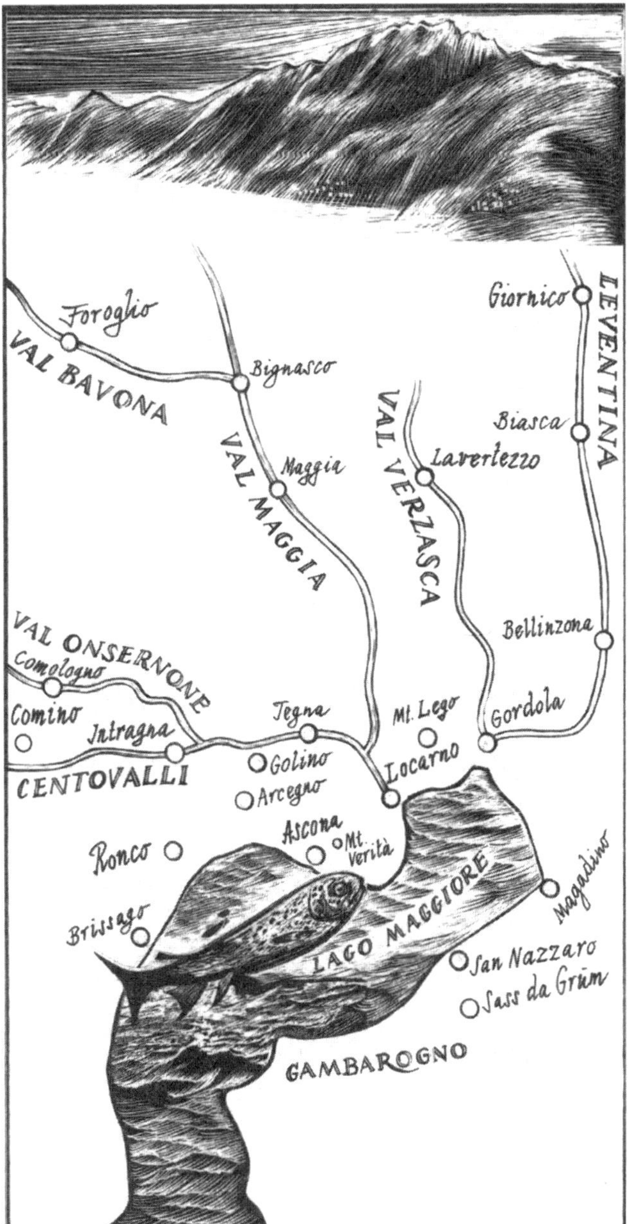

Foroglio
VAL BAVONA
Bignasco
VAL MAGGIA
Maggia
VAL VERZASCA
Lavertezzo
Giornico
Biasca
LEVENTINA
Bellinzona
VAL ONSERNONE
Comologno
Comino
Intragna
CENTOVALLI
Tegna
Golino
Arcegno
Mt. Lego
Locarno
Gordola
Ascona
Mt. Verità
Ronco
Brissago
Magadino
LAGO MAGGIORE
San Nazzaro
Sass da Grüm
GAMBAROGNO

Die Mühlen vom Brüm:
Hesse, Glauser und Jakob Flach

Das ist ein magischer Wald. Von Weitem besehen, bedeckt er Flanken und Hügelrücken nordwestlich von Ascona wie ein krauses Tierfell, lässt dem Dorf Arcegno nur unwillig Raum für Steinhäuser und Bungalows, um gleich hinter der Siedlung seine grünen Gründe weiter zu erstrecken – Richtung Golino auf der einen, Richtung Ronco auf der anderen Seite. Ungewöhnliche Menschen haben in ihm Zuflucht gefunden und vielleicht seine Magie verstärkt: Hermann Hesse hat in einer Höhle Inspiration gesucht, Krimischreiber Glauser wollte sich hier von seiner Drogensucht befreien, und Maler wie Richard Seewald wohnten eine Weile da.

Kehre ich von den Städten jenseits des Gotthards zurück, atme ich auf im Waldstück Arcegno-Ronco. Dieser hochstämmige, schlanke Baumbestand kommt mir vor wie eine Schmutzschleuse, die den mentalen Reiseschmutz wegbürstet: Stämme, die dicht beisammenstehen, knochenfahl im Licht der Scheinwerfer. Spätestens jetzt wird mir bewusst, dass ich wieder auf der richtigen Seite der Alpen bin.

Wo sich der Wald gegen Ronco lichtet, erkennt man zwischen den Stämmen feuchte Stellen und Tümpel, Amphibien lieben dieses Waldstück und wählen es Ende Februar als Ziel ihrer Hochzeitsreise. Jahr für Jahr mussten sich deshalb die Autofahrer im Frühling in Acht nehmen, die

liebestollen Tiere nicht zu überfahren. Nun haben vor
Kurzem Naturliebhaber unter der Straße Tunnels einge-
lassen. Zettel an den Zäunen klären die Passanten auf:
Kröten und Frösche sollen die gefährliche Straße meiden
und die Unterführung zu den Laichstellen benutzen. Im
ersten Frühling danach fand kein einziger Frosch zu den
Tümpeln am Waldrand und man fragte sich beim Espresso in der Dorfbar, ob die Amphibien die Zettel nicht
hatten lesen können, oder in den Tunnels die Verkehrs-
ampeln fehlten. Inzwischen scheint alles zu funktionie-
ren. Rücksichtsvoll nehmen die Autofahrer den Fuß vom
Gaspedal, und als Mitfahrer erträgt man die Erschütte-
rungen über die Buckel der Tunnels, um das Liebesleben
der Frösche und Kröten nicht zu stören.

Bei der letzten Waldkurve wartet an einem heiteren Früh-
lingstag einer der überraschendsten Ausblicke: tief unten
die blitzende Seefläche des Lago Maggiore, die Inseln von
Brissago im Gegenlicht! Im Sommer wird das Blattdach
der Bäume blickdicht, dann lässt man den Wagen besser
stehen und steigt auf den kleinen Felsen am Wegrand, wo
eine Bank zum Verweilen einlädt.

Der Ort, der diesen zauberhaften Blick gewährt, hat
selbst einen wenig reizvollen Namen: Brüm – von Bruma,
Nebel.

Auch im Sommer können da noch Nebelfetzen von einem
längst abgezogenen Gewitter herumhängen und im Spät-
herbst staut sich den Felswänden entlang Feuchtigkeit
wie dicke Watte.

Doch bleiben wir noch einen Moment im Wald. In der
Nähe des Amphibien-Eldorados befinden sich im Schutz
der Bäume zwei Waldmühlen.

Die untere, an den Abhang des sagenhaften Keltenhügels Balladrum geduckt und vom Weg aus unsichtbar, wird von den Wassern der oberen Mühle umflossen. Hier wohnte ein Sohn von Hermann Hesse, Heiner Hesse. Es war mir eine Freude, bei ihm zwischen Bildern und Büchern Kaffeepause zu machen – der 1909 Geborene wusste viel über Künstler, Emigranten und Zustände im alten Tessin. Viel Zeit für Besucher hatte der Eremit freilich nicht, beantwortete er doch, wie damals sein Vater, mit Hingabe und Zähigkeit Anfragen aus aller Welt, die das geistige Erbe Hermann Hesses betreffen. Eine klapprige kleine Schreibmaschine stand ihm dabei zu Diensten, doch die meisten Briefe schrieb er in einer wunderbar klaren, wie gestochenen Handschrift.

Heiner Hesse hatte keinen Fernseher in seiner Mühle, er setzte sich durch Zeitungslektüre ins Bild und liebte es, über politische und kulturelle Ereignisse zu diskutieren. Dabei entwickelte er jenen kostbaren Eigensinn, den sein Vater Hermann Hesse gelobt hat:

»Eine Tugend gibt es, die liebe ich sehr, eine einzige. Sie heißt Eigensinn. (...) Tugend ist: Gehorsam. Die Frage ist nur, wem man gehorche. Nämlich auch der Eigensinn ist Gehorsam. Aber alle andern so sehr beliebten und belobten Tugenden sind Gehorsam gegen Gesetze, welche von Menschen gegeben sind. Einzig der Eigensinn ist es, welcher nach diesen Gesetzen nicht fragt. Wer eigensinnig ist, gehorcht einem anderen Gesetz, einem einzigen, unbedingt heiligen, dem Gesetz in sich selbst, dem Sinn des ›Eigenen‹.«

Die obere Mühle, ein Steinwürfel mit Walmdach, besticht durch die schlichte quadratische Form. Auf der Rückseite liegen bemooste Mühlräder, vorne fließen Rinnsale über

Stufen aus Granit. Hier haben immer wieder Künstler, Politiker und Philosophen Zuflucht und Inspiration gefunden. Man sagt, Bakunin habe eine Weile hier gewohnt – das erscheint mir ungewiss. Doch Friedrich Glauser, in Wien 1896 geboren, Sohn eines Schweizers und einer österreichischen Mutter, hat hier nach bewegten Lebensstationen Ruhe gesucht. Von seinem chaotischen Leben (Halbwaise, Maturität und Dada-Bewegung in Zürich, Rauschgift, Flucht nach Genf, Internierung in der Psychiatrie, Flucht, drei Jahre Fremdenlegion) erfährt man in seinem Roman *Morphium* und in den Essays *Dada, Ascona und andere Erinnerungen*. In der Mühle schrieb Glauser an einem wackligen Küchentisch an seinen Krimis.

Der Versuch, in der Einsamkeit ohne Morphium zu leben, missglückte. Apotheker in Locarno zeigten den Drogensüchtigen an, und er musste, um nicht von der Polizei geschnappt zu werden, nördlich des Gotthards ein Versteck suchen. Doch immer wieder besuchte er in Gedanken, zuletzt in einer seiner *Wachtmeister-Studer*-Geschichten, diesen inspirativen Waldort.

Glauser beschreibt in seinen Erinnerungen die Mühle folgendermaßen:

»Im Erdgeschoss eine riesige Küche, im ersten Stock zwei Zimmer mit den notwendigsten Möbeln. Holz gab es im Überfluss; in der Küche war ein großer, offener Kamin eingebaut. Lange Zeit war die Mühle unbewohnt geblieben. Darum hatten sich die verschiedensten Tiere darin einquartiert. Manchmal, wenn wir kochten, kroch unter dem Kamin eine feiste Ringelnatter hervor, sah sich ungnädig im Raume um, schien gegen die Störung protestieren zu wollen und verschwand dann in einer Mauerritze. Wenn ich des nachts in die Küche kam, saßen Haselmäuse mit buschigem Schweif auf den Brettern und knabberten Makkaroni. Ihre braunen Augen leuchteten im Kerzenschein.«

Langjähriger Besitzer und Bewohner der Mühle war der Puppenspieler und Schriftsteller Jakob Flach. Flach, ein origineller lebensfroher Mensch, hat oft in der großen, von Glauser geschilderten Küche Rezepte ausprobiert und einige von ihnen in seinem Anfang der Fünfziger-Jahre erschienenen Buch *Minestra* aufgeschrieben.

Zum Andenken an den Mühlenbewohner Jakob Flach sei hier sein Kuttelrezept angegeben. Das Gericht ist im Tessin sehr populär. An Markttagen kann man, meist mit Kreide auf eine Tafel geschrieben, an einigen Kneipen die Ankündigung lesen: »Oggi Busecca«.

Nach Jakob Flach wurden die Kutteln auf Tessinerart so zubereitet:

Busecca
Kutteln auf Tessiner Art

»Alle Arten Grünzeug, Kohl, Sellerie, Lauch, werden gereinigt und kleingeschnitten, gelbe Rüben gerieben und alles in Öl in der Pfanne geschwitzt. Mit Fleischbrühe wird abgelöscht und im offenen Topf gekocht. Dazu kommt nun eine ganze Menge gut gereinigte, in Salzwasser gekochte, in feine Streifen geschnittene, nicht zu fette Kutteln. Ein Teelöffel Kümmel, ein Glas weißen Wein und eine Handvoll feine Teigwaren. Das Ganze gargekocht und mit geriebenem Sbrinz (oder Parmesan) serviert.«

Bavonatal: Rituale des Überlebens

Der Winter im Tessin ist schlechter als sein Ruf. Seine feuchte Kälte ist nicht ohne Tücke, und die Heizungen in den alten, im Baumschatten stehenden Steinhäusern haben seit Hermann Hesse kaum Fortschritte gemacht. Den Dichter zog es damals im Januar in den Norden, »wo ordentlich geheizt wird«. So wird das Ende des Winters auch südlich der Alpen sehnsüchtig erwartet.

Ist es so weit, so besuche ich in Form eines Frühlingsrituals das Bavonatal.

Die Bewohner des Bavonatals sind Meister in der Kunst des Überlebens. Der Name des ersten Dorfes im Tal, Cavergno, bedeutet Ca' d'inverno, Winterhaus; hier hatten die Talbewohner ihre Wintergüter: archaische, stabile Häuser mit Granitarchitraven und Speichern aus geschwärztem Holz. Fährt man, begleitet von Kastanienbäumen und vom Geräusch des Flusses Bavona, talaufwärts, fallen die riesigen Steinblöcke auf, hier Macigni genannt. Felsblöcke diktieren, wo Häuser und Ställe zu stehen haben, aus Platznot schließen die Mauern der Häuser da und dort dicht an den Stein an. Dörfer wie Fontana leben mit der Herausforderung der Natur – von unten droht der Fluss, von oben Steinschlag. Irgendwann sind die wie von Zyklopen zerstreuten Blöcke von den Hängen heruntergekommen, haben die ohnehin mageren Wiesen und damit das Einkommen der Bevölkerung geschmälert. Von solchem Leid klagt die lapidare Inschrift auf einem Steinblock beim Dorf Fontana:

Giesu Maria † 1594

Qui fu bela campagna

(Jesus, Maria, hier war einst schönes Ackerland)

Der Dichter Plinio Martini (1923–1979), der hier im Tal aufgewachsen war, bemerkt dazu in seinem Buch *Il fondo del sacco* (dt. *Kein Anfang und kein Ende):* »Ein zu Stein gewordener Seufzer. Um mehr zu sagen, fehlte den Vorfahren der Atem.«

Doch Not macht erfinderisch.

Von der praktischen Genialität der Menschen im engen Trogtal zeugen die Splüi, die unter den Felsbrocken errichteten Vorratskeller. Auch die Orti pensili, die hängenden Gärten auf den waagrechten Flächen der Felsbrocken, auf denen Getreide oder Gemüse gepflanzt wird und zu denen oft Leitern führen, zeugen vom Willen, keinen Quadratmeter des ohnehin kargen Bodens ungenutzt zu lassen.

Die Mulattiera von einst ist der Autostraße gewichen, aber noch stehen viele der Votivtafeln und Flurkapellen, die dem Wanderer Zuflucht vor Unwettern geboten haben; da und dort überspannt ein Portico mit seinem schützenden Gewölbe den ehemaligen Saumpfad. Sie sind Zeugen einer tiefen Frömmigkeit und Dokumente einer bewegten Zeit. Giuseppe Martini, Plinios Bruder und Kenner des Bavonatals, hat mir vor der Kapelle der Australier bei Mondada folgende Geschichte erzählt:

Eine große Gruppe junger Männer aus Cavergno war gezwungen, nach Australien auszuwandern. Zusammen warteten sie in Hamburg auf ein Schiff, doch einer der Burschen, ein Träumer, verpasste in einer Taverne die

Abfahrt. Zu Hause erfuhr man von dieser Schande; Mutter und Braut des jungen Mannes wurden mit Verachtung gestraft. Drei Wochen später konnte der Saumselige ein anderes Schiff besteigen, doch als er in Australien ankam, hieß es, das erste Schiff mit den Cavergnesi sei nicht angelangt, vermutlich hätten sie in einem Sturm Schiffbruch erlitten.

Als man in Cavergno davon erfuhr, herrschte im Dorf große Trauer.

Nach langer Zeit jedoch lief das vermisste Schiff ein, mit zerrissenen Segeln, ein Wrack. Doch die jungen Männer aus dem Val Bavona hatten überlebt. Während des Sturms hatten sie gelobt, für ihre Rettung zu Hause eine Kapelle bauen zu lassen. Eine Inschrift erinnert nun an die Spender.

Wandert man auf der Straße Richtung Foroglio, meldet sich ein neuer Ton in der Geräuschkulisse, ein feines Klingeln erst, das sich bald zu einem anhaltenden Rauschen verstärkt. Bei Foroglio stürzen Wassermassen über eine senkrechte Felswand, unter dem zartblauen Frühlingshimmel stieben Schleier auf. Ein Naturspektakel, an dem man sich im Grotto ›La Froda‹ bei einem Cappuccino oder einem Glas Merlot kaum sattsehen kann.

»Wird der Wasserfall abends abgestellt?«, hat mich der Sohn meiner Freunde aus Abu Dhabi gefragt. Aber nicht nur für Bewohner trockener Landstriche sind diese im freien Fall stürzenden Wasser ein Sinnbild verschwenderischer Energie.

Es ist fast nicht zu glauben, dass sich dicht neben dem Wasserfall beinahe senkrecht ein Pfad hinaufwindet zu einem versteckten Hochtal, dem Val Calnegia, das mit seinen Felskellern, der speziellen Flora und im Sommer mit seinen wilden Himbeeren überrascht.

Doch heute wollen wir in der Talsohle wandern: Zu Fuss von Foroglio nach Sonlerto, speziell im Frühjahr mein Lieblingsweg! Die Wiesen beim Weiler Roseto sind von lebhaftem Grün und von Blumen übersät: Gras- und Feuerlilien, sogar die seltene Türkenbund-Lilie ist anzutreffen! Zwar sprudelt in den Bachbetten, die zu überqueren sind, um diese Jahreszeit reichlich Wasser. Meist stehe ich eine Weile am Rand des Flüsschens, um mir, wie vor einem Schachbrett, sichere Steine zu merken. Doch prompt gerät einer dieser Steine ins Wanken, ich verpasse den Sprung und die Schuhe sind voll Wasser!

Unter den Steilwänden, in den kleinen Dörfern, ist man froh, den Winter hinter sich zu haben. In Faedo spüre ich unter den Sohlen noch die Steinbrocken des Bergsturzes, der vor ein paar Jahren einen Teil der Siedlung zugedeckt hat. Nun hat man Gärten unter den Verwüstungen angelegt. Signale des Überlebens!

Schon Foroglio mit seinem Wasserfall hat mich fasziniert, mit der alten Flussbrücke, dem Gefüge grauer Steinhäuser. Doch Sonlerto, Ziel unserer Wanderung, bedeutet für mich noch eine Steigerung!

Häuser von düsterer Schönheit weichen geschickt den Steinbrocken aus, jeder kleinste Raum wird ausgenutzt durch diese geniale bäuerliche Architektur, selbst eine Art Dorfwiese hat man auf einen Steinbrocken platziert. Vom archaischen Vorratshaus aus dem 16. Jahrhundert ist es nur noch ein Steinwurf weg zum Zentrum des einstigen Dorflebens: Der kleine, mit Kopfsteinen besetzte Vorplatz der Kirche verwandelt sich dank der Treppchen und Mauern der umliegenden Häuser in eine Art Amphitheater.

Plinio Martini, Dichter des Tales (unbedingt lesen: »Al fondo del sacco« oder »Kein Anfang und kein Ende«) hat hier einen Teil der Kindheit verbracht und schildert im Buch *Requiem für Tante Domenica* das Leben nach der abendlichen Zeremonie des Rosenkranzes:

»Die Leute strömten auf den Platz hinaus, dessen Steine in der sinkenden Dunkelheit die bei Tag aufgesogene Sonnenwärme ausstrahlten. Es war die schönste Stunde des Tages, die Stunde der Ruhe und der tröstlichen Gemeinschaft mit den Mitmenschen.«

Nun stellt sich auch bei den Wanderern Hunger und Durst ein.

Das hübsche Gartengrotto in Sonlerto ist leider kaum mehr in Betrieb, ein sicherer Wert also auf dem Rückweg in Foroglio das Gasthaus, das den Namen seines Wasserfalls trägt: »FRODA«.

Bäuerliche Spezialitäten schmecken hier hervorragend – zum Beispiel in Rotwein geschmorter Rindsbraten mit würziger, auf dem Holzofen zubereiteter Polenta – ein Essen, das in jeder Tessiner Küche bekannt ist. Auch Alpenkäse aus der Gegend mit einem Glas Apfelsaft oder Merlot sind hier zu empfehlen. Und nicht vergessen: Beim Essen begleitet uns die Wassermusik der von den Felsen stiebenden »Froda«.

Manzo Brasato

Schmorbraten
(Rezept aus dem alten Ascona, vermittelt von Yvonne Bölt)

1 ½ kg Rindfleisch (aus der Schulter)
5 Knoblauchzehen
2 dicke Scheiben fetter Speck
½ l Merlot (oder anderer Rotwein)
Salz und Pfeffer
2 EL Olivenöl oder Kochbutter
1 Stange Lauch
1 Karotte
1 große, fein gehackte Zwiebel
1 Tasse Weißwein
1 TL gehackter Rosmarin
1 Lorbeerblatt
1 Tasse Fleischbrühe

Den Rinderbraten trockentupfen. 3 Knoblauchzehen schälen und in Stifte schneiden. Speck in Streifen schneiden. Den Braten mit Knoblauch und Speck spicken. Einige Stunden im Rotwein marinieren. Herausnehmen, trockentupfen und mit Salz und Pfeffer würzen. Im Olivenöl von allen Seiten gut anbraten und aus der Pfanne nehmen.

Das Gemüse waschen oder schälen und kleinschneiden. Für die Sauce Zwiebel, den restlichen Knoblauch und das Gemüse in der Pfanne anbraten. Mit Weißwein ablöschen, Rosmarin und Lorbeerblatt dazugeben und mit Fleischbrühe auffüllen.

Das Fleisch mit der Sauce in eine Auflaufform oder einen Bräter geben und zugedeckt 2 bis 2 ½ Stunden im vorgeheizten Backofen bei 180 °C garen.

Frühlingswiesen und Capretto

Hier ist die Nahtstelle zwischen Winter und Frühling: Blaue Löcher am Himmel über dem Lago Maggiore, und im Norden ist eine Woche vor Ostern nochmals Schneesturm angesagt. Blicke ich zum Camoghe und weiter hinauf zu den Höhen Richtung San Bernardino, drückt es weiß durch die Lücken der Bergspitzen, brodelt, schwappt über wie kochende Milch.

Und nun fährt der Wind, der sich im Norden seiner feuchten Last entledigt hat, über die Alpen, stürzt ins Locarnese mit trockener warmer, knisternder Luft. »Champagnerluft«, sagt der Dorfpolizist und zeigt lachend zum Himmel: »Da, sehen Sie, schon alle Wolken weggefegt!« Ich nicke und blicke zum See, er wirkt unter dem Föhnhimmel metallisch und aufgeraut. Doch das Naturspektakel geht erst los mit den ersten Windstößen und Böen. Stahlfarbene und tintenfarbene Strömungen modulieren auf dem See Höhen und Tiefen, als drückten unter der Wasseroberfläche Hügel und Berge durch. Windhosen wirbeln über die Wasserfläche, die Inseln haben den Anker gelichtet und treiben auf dem aufgewühlten See davon.

Gegen Mittag beruhigt sich der Nordföhn. Wir fahren über Brione hinauf ins Val Resa, lassen bei Viona den Wagen stehen und gehen eine gute Stunde durch den Wald hinauf zum Monte di Lego. Die kahlen Äste wirken noch winterlich, doch verlässt man den dämmrigen Pfad, steht man plötzlich überrascht in der Heiterkeit der Bergwiesen. Erste Blumen begrüßen uns, ein kleiner See spiegelt den Föhnhimmel und die Aussicht von der Kuppe herunter ist atemberaubend.

Auf der Bank vor dem Grotto, wo sich ein junges Wirtspaar um die Gäste bemüht, betrachte ich dieses frische Grün und versöhne mich mit der Welt. Eben habe ich noch im Radio die neuesten Nachrichten gehört und die Erde kam mir wieder einmal verrückt vor, angefüllt mit Streit, Krieg, mentalem Müll. Und nun sehe ich, wie aus allen Ritzen dieser lecken Welt junges Gras sprießt, sogar aus den Mauern prächtige Unkräuter mit blauen Sternen brechen: Das Frühlingswunder hat sich trotz allem wieder ereignet!

Vor mir auf dem Tisch entfaltet eine frühlingshafte Minestrone ihren Duft. Zu den Alpkäschen esse ich einen knackigen grünen Salat, vermischt mit Wildkräutern.

Das viele Grünzeug lässt mich daran denken, was Hildegard von Bingen im 12. Jahrhundert über die Farbe Grün gesagt hat: »O edelstes Grün, das wurzelt in der Sonne und leuchtet in klarer Heiterkeit!« Hildegard gab in ihren Aufzeichnungen den Rat, sich auf einer grünen Wiese auszustrecken, sich von den Säften und Kräften durchströmen und regenerieren zu lassen. Und was schon im Mittelalter zu empfehlen war, ist wohl zu Beginn des dritten Jahrtausends eine Notwendigkeit. Ich lege mich hinter dem Grotto der Länge nach ins Gras zu einer kleinen Siesta.

Als ich erwache, sehe ich in der Nähe ein paar Zicklein springen und weiß, die Tage der munteren Tiere sind gezählt, gehört doch Capretto, mehr als das Osterlamm, im

Tessin zum kulinarischen Frühlingsritual. Ach ich weiß, zwei Seelen sind in meiner Brust: Ich bin empört, dass die frühlingstollen Tiere auf dem Teller landen und werde gleichzeitig jeden Frühling gepackt von einer unbändigen Lust auf Gitzi!

Gegen Abend, auf der Rückfahrt, kehren wir ein in der antiken, populären Wirtschaft ›Scalinata‹ in Brione, Via Contra. Auf der Karte finden Sie in diesem einfachen Esslokal viele tessinerische Speisen, gekocht nach alten Rezepten, aufgetischt meist große Portionen. Nehmen Sie Platz im ursprünglichen Teil, dem einfachen Grotto. Es ist beliebt, also besser reservieren. Falls es Frühling ist, und Sie durchaus Capretto möchten, erkundigen Sie sich erst, ob es diese Speise an diesem Tag gibt.

Doch ich will ehrlich sein: Findet man ein gutes Capretto in einem Lokal, so ist das wie ein Sechser im Lotto. Das typische Tessiner Capretto wird nicht »al umido«, also in Fleisch- oder Gemüsebrühe gemacht, es soll knusprig sein – aber natürlich nicht trocken. Eine Kunst, die nicht immer beherrscht wird, serviert man doch in vielen Restaurants zu trockene, faserige Fleischstücke.

Meine Freundin Cristina bereitet für Familie und Freunde ein Capretto, das außen knusprig und innen butterzart ist! Sie kauft das Zicklein für ihren Familien-Osterschmaus immer beim Bauern, hier werden die Tiere auf dem Hof schonend, ohne Stress, geschlachtet.

So möchte ich hier Cristinas Hausfrauenrezept anfügen:

Capretto
Cristinas Osterschmaus

Für 6 Personen:
2 kg Zickleinfleisch
5 EL Olivenöl
1 Tasse sehr klein geschnittener Rosmarin
Pfeffer, Salz
2 Zwiebeln
¼ l trockener Weißwein
1 Würfel Gemüsebrühe

Das Fleisch in Stücke schneiden. Die Fleischstücke groß-zügig mit Olivenöl einreiben und im Rosmarin wälzen. Mit Pfeffer würzen, aber noch kein Salz hinzufügen. Die Zwiebeln schälen und in Ringe schneiden. Eine ofenfeste Form einfetten, die Zwiebeln darin verteilen und das Fleisch darauflegen. Im vorgeheizten Backofen bei 200°C etwa 30 Minuten bräunen, dabei das Fleisch einmal wenden.

Mit Weißwein ablöschen, aber den Weißwein nicht über das Fleisch, sondern daneben geben. Aufkochen und salzen, den Gemüsebrühwürfel dazugeben.

Den Backofen auf 160°C herunterschalten. Zugedeckt noch 2 Stunden schmoren lassen. In den letzten 20 Minuten das Fleisch offen bei 180°C garen, damit es schön knusprig wird.

Thriller im Tal der hundert Täler

Auf der Fahrt mit der Centovallibahn öffnet sich das Tal der hundert Täler wie eine Theaterkulisse. Übersteht man die virtuosen Kurven und den nicht ganz schwindelfreien Blick in die Abgründe – die Trasse der Bahn aus der Pionierzeit scheint da und dort nur eine Handbreit zu sein –, gelangt man über 79 Brücken und durch 24 Tunnels von Locarno ins italienische Domodossola.

Zuerst beginnt es ganz harmlos im topmodernen unterirdischen Bahnhof von Locarno. Der Zug gelangt bald ans Tageslicht, mäandert durch die Dörfer des Pedemonte (Halt auf Verlangen), um plötzlich, wie im Krimi, mitten aus vorgespielter Behaglichkeit zum Thriller zu werden in der ersten tollen Kurve nach Cavigliano: Man glaubt zu fliegen und blickt mit leichtem Schwindel hinunter, spürt das Schüttern über die schmale, siebzig Meter über dem Abgrund schwebende Brücke, erkennt im wilden Bachbett das Schattenbild des Zuges.

Am Wochenende stürzen sich Bungeejumping-Leute von dieser Eisenbahnbrücke, und ich frage mich, ob sie Hornhaut auf der Seele haben, dass sie so viel Nervenkitzel brauchen? Der Abgrund rast ihnen entgegen, aber das Seil, an dem sie befestigt sind, spannt sich und schlägt dem Tod ein Schnippchen.

So viel Spannung brauche ich nicht. Mir reicht es schon, in der Centovallibahn über die filigrane Brücke zu zuckeln und in den Abgrund zu blicken. Als ich für eines meiner Bücher in Genf recherchieren musste, fuhr ich oft im Hochwinter diese Strecke, die Felswände sind dann mit Eiszapfen bewehrt und auf dem sonst smaragdgrünen See von Palagnedra treiben Eisschollen. Oben in Camedo hört die Schweiz auf – als letzter Gruß das ›Ristorante Elvetico‹. In Ribellasca taucht, ein bisschen ruinös, das ›Ristorante Italico‹ auf. Die Grenzpolizei erscheint im Waggon, bis vor Kurzem trug sie für diesen Auftritt eine Galauniform, als sei in diesem Winkel Italien am italienischsten.

Dabei hatten die Bewohner des Tales von Rom eben noch die Nase voll und verlangten den Anschluss an die Schweiz: über zwei Jahre ließ man die verschüttete Straße unsaniert. Was kümmerte die Zentralregierung dieser hinterste Zipfel des Landes? Dabei sind die kleinen Kurorte des Val Vigezzo im Sommer und im Winter gleich reizvoll. In Santa Maria huldigen die Mailänder dem Langlauf und in Re erscheint wie ein Spuk in der Öde der Bergwelt eine mächtige Kathedrale.

Manchmal steige ich nach der Thriller-Brücke schon in Intragna aus. Der Name soll vom lateinischen *inter amnes*, »zwischen den Flüssen«, stammen: Der kleine Flecken auf dem Geländesporn liegt zwischen den Tälern des Isorno und der Melezza. Ich lasse rasch die hässlichen Bauten am Rand des Ortes hinter mir, tauche zwischen den alten, fast städtischen Hausmauern des Borgo unter, trinke auf dem Kirchplatz, in der Nähe des höchsten Tessiner Glockenturms, ein Glas Merlot. Dann besuche ich das Dorfmuseum mit seinem prachtvollen Innenhof. Bekommt man in den unteren Stockwerken einen Einblick, wie man früher im Centovalli gewohnt und gearbeitet hat, so ist man zuoberst auf Besuch bei einer Meisterin des Thrillers, bei Patricia Highsmith, die den letzten Abschnitt ihres Lebens hier in der Nähe, in Tegna verbracht hat. 1987 hat sie sich auf einem 2 100 Quadratmeter großen Grundstück ein Haus bauen lassen und hat es, nur in Gesellschaft ihrer Katzen und mit der Schneckenzucht beschäftigt, bis zu ihrem Tod 1995 bewohnt. »Ich wünsche mir, mich ganz allein in einem Zimmer an meine Schreibmaschine setzen zu können. Ich wünsche mir lange Tage, um darüber nachsinnen zu können, was ich gesehen habe, stille Stunden, um Geschichten auszuspinnen aus Keimen so zart wie Rauchschwaden«, lautet einer ihrer Tagebucheinträge. Eine dieser Highsmith-Katzen, ein sepiabraunes, schweres Tier mit schräg gestellten Augen, folgt mir durch die engen Dorfgassen und schlenderenker zur sogenannten Römerbrücke hinunter, einer steinernen Bogenbrücke aus dem Mittelalter. Baumschatten nehmen uns beide auf, zwischen den Stämmen blitzt das Wasser der Melezza. Dort verliere ich den kätzischen Geist der Highsmith zwischen Steinblöcken und den würzig riechenden Blättern des Bärlauch und gehe allein weiter. Auf der Höhe von Salmina stehe ich vor der Frage, ob ich eineinhalb Stunden Marschzeit noch verkrafte, steil hinauf zum luftig, auf fast 1 000 Meter Höhe gelegenen Dorf Rasa?

Doch die Vorstellung, mir an diesem warmen Mittag einen kühlen Trunk zu genehmigen und etwas zu essen, zog mich zurück Richtung Intragna. Nahe der Römerbrücke, neben der Autostraße gegen Italien, näherte ich mich der altehrwürdigen ›Osteria du Rii‹. Da war doch hinter dem Haus ein Garten mit kleinem Wasserfall, Felsen und Bäumen! Ein kleines Centovalli *en miniature,* wo die alte Linda köstliche Gerichte auftischte!

Doch die Haustüre, wo früher ein Käfig hing mit einem schwatzhaften Papagei, war geschlossen! Schon wieder eine dieser wunderbaren Tessiner Gaststätten weniger! »Seit drei Jahren zum Verkauf«, las ich später im Internet. Und wünschte, eine begabte Köchin oder ein begabter Koch werde bald diesem kleinen Paradies neues Leben schenken!

Ein älterer Mann, der jetzt vorbeiging, sah mich vor der Tür stehen. »Ja, schade, Signora, das Grotto ist schon eine Weile zu.« Und auf meine Frage, ob man denn in Intragna neuerdings nichts mehr zu essen bekomme? »Doch, beim Bahnhof ist noch eine Gaststätte und in der via Cantonale 14 finden Sie die ›Osteria al Campanile‹«.

So ging ich in der Mittagshitze zurück nach Intragna.

Auf der luftigen Terrasse der ›Osteria al Campanile‹ am Beginn des Dorfes, war ich an einem der Steintische beinahe nur von Einheimischen umgeben, ein gutes Zeichen. Die freundliche Bedienung empfahl mir »Ossobuco di Vitello« – Kalbshaxe mit Polenta. Eine kleine Delikatesse auf dem Tagesteller, für die meisten Tessiner ist ja das Abendessen die Hauptmahlzeit! »Knochen mit Loch«, so die wörtliche Übersetzung für Ossobuco, schmeckte mir, denn am Knochen befand sich nicht nur ein Loch mit Mark, da war auch würziges Fleisch!

Das Rezept der aufwendig zu kochenden Speise konnte die nette Bedienerin mir nicht geben, klar, sie hat ja alle Hände voll zu tun! So blieb mir nach dem Essen Zeit, in der Konditorei bei der Haltestelle der Centovallibahn noch einen der hervorragenden Kuchen zu kaufen – der Bäcker heißt ja Ercole und ist meines Erachtens ein Herkules seines Fachs! Seine köstlichen Backwaren werden auch mit Erfolg in einem Laden in Losone verkauft.

In Gedanken an die unvergessliche Wirtschaft ›du Rii‹ und als Andenken an die alte Linda hier eines ihrer süßen Rezepte:

Amarettopudding

5 Eier
70 g Zucker
60 g geriebene Mandeln
ein wenig Bittermandel-Aroma und Amarettolikör
½ l Milch
1 Vanilleschote

Eier und Zucker mit dem Schneebesen schaumig schlagen. Mandeln, Bittermandel-Aroma und etwas Amarettolikör hinzufügen. Die Milch mit der aufgeschlitzten Vanilleschote aufkochen, die Schote herausnehmen und die Milch etwas abkühlen lassen. Durch ein Sieb gießen und mit der Eiermasse verrühren. Linda pochiert die Masse 40 Minuten im Kombidämpfer auf 80 °C. Wer keine Gastronomieküche sein Eigen nennt, füllt die Masse in kleine Förmchen und gart sie im Wasserbad in der Fettwanne des Backofens bei 200 °C 30 – 40 Minuten lang (am besten nach 30 Minuten zum ersten Mal testen, ob die Masse steif geworden ist). Auskühlen lassen, stürzen und mit Himbeersirup, dem man etwas Amaretto hinzufügen kann, servieren.

Rund um den Monte Verità

Auf dem Monte Verità, dem einstigen Ort der Gegenentwürfe, sind noch wenige Erinnerungen zu sehen: Das Bauhaus-Hotel mit Bildern aus der Ära des Barons von der Heydt, ein paar Lufthütten, Sonnenbäder, archaische Duschen, der Walkürenfels und die Parzivalwiese.

Drehen wir das Rad zurück in die Gründungszeit:
An der Wende des 19. zum 20. Jahrhundert treffen sich zwei Zivilisationsmüde.
»Das heutige Leben basiert auf Egoismus, Luxus, Lüge und Heuchelei«, sagt die Pianistin aus München und spielt am Klavier neue Musik.
Der junge blasse Mann, Abkömmling einer belgischen Industriellenfamilie, hört sie Wagner spielen und stimmt zu: »Der Überdruss hat mich krank gemacht, mein Leben läuft in eine falsche Richtung.«
Lange kann es bei ihm noch nicht falsch laufen, er ist erst vierundzwanzig.
Die Frau am Klavier ist elf Jahre älter, das Gewicht der maroden Welt beschwert ihre zarten Schultern. Ida Hofmann und Henri Oedenkofen beschließen ihr Leben zu verändern. Sofort. Man schreibt das Jahr 1899, das Jahrhundert liegt in den letzten Zügen. Gemeinsam nehmen sie den Kampf auf gegen die verlogene Zivilisation: Sie sind gegen Heirat, Hüte, Korsetts, Orthographie und Sonntagsbraten. Sie beugen sich, so der Originalton, nur

den Gesetzen der Natur, möchten ein Zukunftsunterneh-
men gründen zur Sanierung des 20. Jahrhunderts. Von
den Eltern, die sich zum Glück noch abgerackert haben
nach den Prinzipien der alten Zeit, erhofft man die Finan-
zen. Nur der Ort muss noch gefunden werden.

Im Sommer 1900 ist es so weit: Ein verwilderter Hügel
über Ascona mit Sicht auf den Lago Maggiore ist der
ideale Platz für die geplante Kuranstalt. Später sollen
Mühlen, Webereien, Fabriken und Schulen dazukommen. Eine Gegenwelt mit dem Ziel, sich mit der Natur zu
versöhnen, Eintracht und Liebe unter den Menschen her-
zustellen. Der Hügel hieß einst Monte Monescia. Dort
wollte schon der liberale Tessiner Nationalrat Pioda ein
theosophisches Kloster »Fraternitas« errichten. Der Plan
wurde aufgegeben, doch nun errichtet Henri Oedenkoven
mit seiner Ida und einer Handvoll Gleichgesinnter das
»Kurhaus für Vegetabilismus«.

Das Projekt nimmt Form an und die Oedenkovens reisen
aus Antwerpen an, um zu sehen, wo ihr Sohn ihr gutes
Geld investiert. Grausen überkommt sie: Ein zugewucher-
ter Hügel mit einem Haupthaus, primitiven Lufthütten
und einem Luftbad! Henri und seine Kumpanen verwil-
dert, von seltsamem Äußeren: Die Männer in weiten Ho-
sen, die unter dem Knie enden, mit leinenen Kitteln à la
Tolstoi, an den Füßen Heiland-Sandalen, die langen
Haare mit einem Stirnband zusammengehalten. Und die
Frauen ohne Korsett und Schnürschuhe!

Mutter Oedenkoven zieht sich nach diesem ersten Erkun-
dungsgang indigniert in ihre Suite im Grand Hotel Locarno zurück, die jüngere Tochter soll kein schlechtes
Beispiel nehmen und wird zur nächsten Besichtigung des
Hügels nicht mitgenommen. Am meisten schockiert die

Mutter, dass das junge Paar unverheiratet zusammenlebt. Die Eltern werden belehrt, Liebe sei kein Geschäft und entziehe sich der Bevormundung durch Kirche und Staat. Ida stellt ihren Namen vor den ihres Mannes und begründet diese unübliche Anordnung in ihren Notizen, die sie in »freier Ortografi« abzufassen pflegt: »da ich der ansicht bin, dass eine freie, ideale ferbindung die frau nicht zum besiz des manes stempelt«.

Ab 1902 erhält die Kuranstalt den Namen »Cooperativa Monte Verità«, auch wenn Oedenkoven Wert darauf legt festzustellen, dass man »nicht im Comunismus« lebe.

Die neue Lebensform lockt zahlreiche Besucher an: Künstler, Philosophen und Politiker wie Bakunin, Lenin, Hermann Hesse, Martin Buber, Isadora Duncan, Mary Wigman, Richard Seewald, Hans Arp, Marianne von Werefkin und viele andere mehr. Das Fluidum des Monte Verità wird nun über Jahrzehnte Impulse geben.

In der ›Casa Anatta‹ kann man über diese innovative Zeit mehr erfahren. In den Sommermonaten ist dort der Restbestand jener großen Ausstellung über den Monte Verità zu besichtigen, die Harald Szemann im Jahre 1978 zusammengestellt hat und die damals um die halbe Welt gereist war. In dem kleinen Museum hängt auch eine Isogonenkarte, die aufzeigt, dass die Asconeser Gegend magnetische Anomalien aufweist. Eine Studie über geologische Tiefenstrukturen zeigt den Verlauf der so genannten Insubrischen Linie vom Val d'Ossola über den Monte Verità und Locarno zum nördlichen Ende des Comer Sees: Hier soll sich die afrikanische Platte oder Moho mit der europäischen verzahnen. Erklären diese topographischen Besonderheiten vielleicht das »Bermuda-Dreieck des

Geistes«, um Szemanns Bezeichnung für das Phänomen
Monte Verità zu gebrauchen? Muss nicht auch ein speziel-
ler Zeitgeist dazukommen?

Gedanken, die mich auf meinem Spaziergang begleiten.
Es ist heiß geworden, ich steige neben der Parzivalwiese
hangan, genieße die schattigen Wege in Panoramalage,
Betulle und Felce, Birken- und Farnweg. An ihrem Ende
kann man auf der luftigen Terrasse des Hotels ›Casa
Berno‹ Kaffee trinken und später auf dem Römerweg,
dem Sentiero Romano, zurückgehen nach Ascona.

Doch mich lockt der kurze Aufstieg zum sagenumwitter-
ten Balladrum; der Name, vermutlich keltischen Ur-
sprungs, gibt den Forschern Rätsel auf.

In den Zwanzigerjahren hat sich der Künstler und Anar-
chist Ernst Frick, Schüler des Malers Segal, in diese Berg-
kuppe vernarrt. Er erforschte ein System der Verteidigung
und Kommunikation, das dort in der keltischen Periode
bestanden haben könnte. Zu allen Tageszeiten hat er
Hunderte von abriebartigen Skizzen der Felsen hergestellt, aus denen die Physiognomie eines Berges entstanden ist. Die Liebe zum Berg war wohl die harmloseste
Leidenschaft dieses Wahl-Asconesers, teurer kamen ihn
die Beziehungen zur Gattin des Psychiaters Otto Gross
und zu der des Romanschriftstellers D. H. Lawrence zu
stehen. Auch sein Hang zur Anarchie war nicht ungefähr-
lich und brachte ihm eine einjährige Haft in Regensburg
ein, nachdem er versucht hatte, mit Sprengstoff und einer
vorsätzlich herbeigeführten Straßenbahnentgleisung in
Zürich einen revolutionären Russen aus der Haft der
Kantonspolizei zu befreien!

Da sitze ich also auf dem Felsrücken des Balladrum und
denke an den in den Fünfziger-Jahren verstorbenen Berg-

narren Ernst Frick. Der Berg lacht: Er hat es geschafft, seinen Bewunderer in meinen Gedanken lebendig zu erhalten. Ich habe Frick zu Lebzeiten nicht gekannt, aber jetzt leiht er mir seine Augen, und die Aussicht von seinem Berg wird zum Erlebnis: runde, goldene Tanzflächen aus Glas auf dem Wasser gegen den Gambarogno hin. Vor mir verwandeln sich die Inseln in zwei dunkle, mandelförmige Augen. Der dunkle Wimpernsaum der Uferbäume als zitterndes Spiegelbild.

Ich reiße mich los, gelange über ein ausgedehntes Netz von Waldwegen hinunter zur Parzivalwiese.

Haben wir kleine Kinder zu Besuch, gibt es kein schöneres Ziel, als diese dreieckige, vom Wald umgebene Wiese mit ihren Schaukeln, Rutschbahnen und Klettergeräten. An heißen Sommerabenden grillen wir unter den Bäumen Würste. Der Mondschein füllt die Wiese langsam mit Glanz, in den Dunstschleiern gegen den Wald hin tanzt eine Gestalt. Ich denke an die Fotos der Duncan. Die Kinder sind unter sich, unterhalten sich in Geheimsprachen mit Kindern, die nicht ihre Sprache sprechen. Ein toller »Spilpi«, finden Laura und Dario aus Bern, drei und fünf Jahre alt, und möchten am andern Tag nochmals zur »Marzipanwiese«!

Mit und ohne Kinder sind es von hier aus zu Fuß nur wenige Minuten zu einem weiteren geomantischen Ort am Nordhang des Monte Verità: zur Madonna della Fontana. Einsiedelei, Kapelle und Grotto, eine bewährte Kombination aus frommer Zeit, stehen hier eng beisammen. Um das Quellheiligtum, das aus keltischer Zeit stammen könnte, rankt sich eine christliche Legende aus dem 15. Jahrhundert: Ein taubstummes Hirtenmädchen aus

Ascona hütete am Abhang des einstigen Monte Monescia die Schafe. Seit Wochen herrschte Trockenheit und die Tiere litten qualvollen Durst. Das Mädchen flehte zu Gott um Rettung: Da sprudelte neben ihm eine frische Quelle hervor. Das Wunder, heißt es, soll der Taubstummen die Zunge gelöst haben, und sie konnte von nun an sprechen. Giovanni Serodine baute 1617 die Wallfahrtskirche Madonna della Fontana. Das Quellheiligtum ist immer gut besucht, sogar im Winter stehen hier frische Blumen und brennende Kerzen.

Das kleine, einfache Grotto neben der Einsiedelei ist ein Geheimtipp im Hochsommer. Einheimische aus den umliegenden Weilern finden sich hier für einen Trunk oder einen Teller Pasta ein, vom Wald des Monte Verità herunter streicht würziger Blattgeruch.

Ist dort geschlossen oder packt einen die Lust auf Brathähnchen, erreicht man in fünfzehn Fußminuten das ›Grotto Broggini‹ in Losone. In der Nähe der Dorfkirche erwartet es den Gast mit einem großen, kühlen Garten und flinken, immer gut gelaunten Kellnern, selbst bei Hochbetrieb während des Filmfestivals. Zum Huhn schmeckt der ausgezeichnete Risotto.

Nach dem Hauptgang hört man im ›Broggini‹ ein klingelndes, schwingendes Geräusch: Im Metallbecken werden mit dem Schneebesen die Eier für die gefragteste Nachspeise geschlagen – Zabaione! Diese Weinschaumcreme finde ich mit einer Kugel Vanilleeis serviert besonders köstlich.

Zabaione
Weinschaumcreme (Grundrezept)

Für 4 Personen:
4 Eigelb
100 g Zucker
200 ml Marsala

In einer Schüssel Eigelb und Zucker mit viel Ausdauer schlagen, bis die Masse hell wird, dann langsam Marsala dazugießen. Die Masse im heißen Wasserbad so lange schlagen, bis sie dickflüssig wird.

Variation ›Grotto Broggini‹
4 Eigelb
80 g Zucker
100 ml Marsala
100 ml Moscato oder Schaumwein
(Im ›Broggini‹ wird der Marsala pro Person in halben Eierschalen abgemessen!)

Die Masse wird wie im Grundrezept zubereitet und zuletzt über je eine Kugel Vanilleeis und ein zerbröseltes Amarettokonfekt gegeben.

Auf den Spuren von Gusto Gräser
und Hermann Hesse

Das Dorf Arcegno liegt am Nordhang des Monte Verità in einer krautigen Furche, die menschlichen Behausungen von der Vegetation nur knapp geduldet.

Verlässt man den Dorfkern mit dem Gefüge seiner grauen Natursteinmauern, den überraschenden Durch- und Einblicken in Höfe und Galerien, gerät man, diesmal Richtung Golino, erneut in den Wald. Es ist still hier, nur in den Sommermonaten rollt manchmal ein Fußball über den Weg, gefolgt von Kinderstimmen aus dem nahen Feriencamp »Pestalozzi«. Wer sich dem Wald mit seinen Gesetzen überlässt, hat vielleicht Glück, links vom Weg bei den letzten Häusern den uralten Schalenstein zu finden. In seine Eingrabungen kann man allerlei hineingeheimnissen: Näpfe, Zählsystem oder astrologische Uhr. Ich folge der Straße bis zu einer Art Hochmoor mit nackten, vom Gletscher abgerundeten Felsen. Auf einem dieser Rundhöcker befindet sich seit Jahrtausenden in der selben prekären Lage ein Wackelstein. Wenn ich die Polen-Straße überquere – Internierte haben sie während des Zweiten Weltkriegs als Feuerschutz angelegt – und mich linker Hand am Ginster die Böschung hinaufziehe, stehe ich vor der so genannten Pagangrott, der Heidenhöhle.

Gusto Gräser, Dichter und Philosoph, benutzte sie als Reduit, und Hermann Hesse hat hier wahrscheinlich Frieden und Inspiration gesucht. Eine der Gemeinden südwestlich von Ascona soll dem herumzigeunernden Gräser ein unwirtliches Gelände als Wohn- und Pflanzort überlassen haben; doch der Naturmensch, allen Besitz verachtend, hatte lieber gedichtet als Gemüse gezogen. Seine Dichtungen trug er in einem Schulternetz stets mit sich und tauschte sie in den Dörfern gegen Essbares. Dass Gusto dabei irgendwie überlebte, ist weniger der Qualität der Verse oder dem Kunstsinn der Dörfler zu verdanken, als der Friedfertigkeit und dem Charme dieses Hippie *avant la lettre*. Kam er des Wegs in seiner Toga, an den nackten Beinen Sandalen, in den langen Haaren ein diademförmiges Stirnband, hielten ihn die Kinder für den leibhaftigen Heiland und liefen in Scharen hinter ihm her. Später war er selbst mit Kindern gesegnet: Er lernte eine Frau kennen, die fünf in die Verbindung brachte und von Gräser noch drei als Zugabe bekam.

Hermann Hesse, auf Entziehungskur im Sanatorium Monte Verità, hatte Gräser 1906 kennengelernt. Der erschien ihm unter all den Wahrheitssuchern als die markanteste Gestalt: Naturmensch, beeinflusst von östlichem Gedankengut, ein Verehrer alles Lebendigen. Zehn Jahre später suchte Hesse wieder die Gegend um Arcegno auf. Damals lebte er in Bern, die Ehe mit Mia ging schlecht, der junge Dichter litt in seinem Bernerhaus, »das nach Tod roch«, unter Schlaflosigkeit, Atemnot, Depressionen. »Fahre in die Thebaische Wüste, d. h. in die Locarneser Gegend, wo ich schon so viel geeinsiedelt habe«, schrieb er an den Verwandten Gundert nach Calw. In dem Felsen von Arcegno suchte er Versteck, Unterschlupf, Grab, Erneuerung. »Ich lebe nackt und aufmerksam wie ein Hirsch in meinem Geklüfte.«

Vor der Höhle liegen Massen von vorjährigem Kastanienlaub, ich sinke bis zu den Hüften ein, arbeite mich hinaus
und trete in die Spalte. Heute wird sie manchmal von
Pfadfindern aufgesucht; ich sehe Reste eines Lagerfeuers,
in der Nische einen Turnschuh, am Boden Schokoladen-
papier, ein Zwanzigrappenstück. In der Nähe der Höhle
finde ich eine der Steintreppen, wie sie die Bewohner der
Tessintäler seit jeher in den Berg gehauen oder mit Granitplatten belegt haben, um mit Ziegen und Mauleseln zu
den höheren Staffeln, den Monti zu gelangen.
In der Nacht muss es geregnet haben, der Fels glänzt; ich
denke an Hesses Gedicht *Bei Arcegno*:

> Ich geh den alten Eremitensteig,
> Der zage Frühlingsregen tröpfelt sacht,
> Im kühlen Wind aufflimmert Birkenlaub,
> Braunspiegelnd widerglänzt der nasse Fels ...

> Hier ist mein heiliges Land, hier bin ich hundertmal
> Den stillen Weg der Einkehr zu mir selbst gegangen
> Und geh ihn heute neu, mit anderem Sinn ...

Ich sehe den jungen Hesse vor mir, wie ich ihn von frü-
hen Fotos kenne, ohne die goldfarbene Brille, mit ent-
blößter Brust, schmächtig, leicht nach vorne gebeugt. Vor
ihm Gräser, wie ihn ebenfalls Fotos zeigen: ein Hüne in
härener Toga, ein schönes, markantes Gesicht mit breiter,
freier Denkerstirn und kräftiger Nase.
Gräser, der Wortakrobat, hat den Örtlichkeiten seltsame
Namen gegeben; die von Felswänden umgebene Hochebene, die ich nun erreiche, nannte er »Erdsternsaal«.
Die Gedichte von Gräser sind ebenso kernig, bizarr und

wortschöpferisch: da ist vom »Weltenbaum die Rede«, »der zweiget, dreihct, wirbeldreht, hah, trilliont, sich trennt, sich paart«. Gusto Gräser, 1879 in Siebenbürgen geboren, verweigerte als junger Mann in Österreich den Militärdienst und wurde zum Tod verurteilt. Nur wenige Tage vor der Erschießung ließ man ihn dann noch laufen. Im Gegensatz zu vielen eitlen Monte Veritànern hat er nie nach Ruhm gestrebt; er starb weitgehend unbekannt in der Nähe von München in einer Dachkammer. Kurz vorher, heißt es, habe er noch vom Rathausturm pazifistische Gedichte regnen lassen.

Ich steige höher und suche Gräsers »Erdsternaltar«, und die Aussicht wird mit jedem Schritt unwirklicher: kahle, wie Schildkrötenrücken aus der immergrünen Vegetation herausragende Rundhöcker, in der Ferne, in bläulichem Dunst, der Lago Maggiore. Auch hier, auf der Schafwiese, einer dieser abgeschliffenen Felsen, auf ihm ein ungeheurer Steinbrocken, wie schwebend, nur mit einer kleinen Fläche seine Unterlage berührend, als habe ihn eine Riesenhand in diese verzwickte Lage gebracht. Weiter geht es durch den Gräserschen Topos. An den Felsen mit den Namen »Hiah« und »Nain« schlagen Kletterer schnöde Haken in die Steilwände – Gusto Gräser, Verehrer Laotses und Übersetzer des Tao Te King, der sich mit den Begriffen Yin und Yang beschäftigte, suchte eher »den großen Ineinanderschlag«. Am »Philosophensitz« und »Vaterstein« vorbei nehme ich über einen steilen Waldhang den Rückweg, komme auf dem Laubüberzug ins Schliddern und umarme, um mich zu bremsen, einen silbergrauen, seidigglatten, schlanken Wildkirschenbaum. Grohmann, einer von Gräsers Zeitgenossen berichtet, »der Naturmensch habe Obststeine gesammelt und sie in den damals noch kahlen Hang gepflanzt in der Hoffnung, die Bäume könnten späteren Menschen nützlich sein …« Unten auf der Straße suche ich die kleine, mit einem Säulengang versehene ›Capela da Pozz d'a Butt‹ auf. Der Platz im Hochmoor, an einem Tümpel gelegen, ist von stillem Zauber; noch einmal denke ich an den Vers in Hesses Gedicht *Bei Arcegno:* »Hier atmen falterhaft Gedanken fort.«

Erhitzt vom Gang durch den Kastanienwald träume ich auf der Heimfahrt von einem kühlen Semifreddo alle castagne. Später esse ich die leckere Nachspeise in Ponte Brolla im ›Ristorante al Castagneto‹ (S. 115) – im Restaurant zum Kastanienbaum:

Semifreddo alle castagne
Kastanien-Halbgefrorenes

150 g Zucker
70 ml Wasser
6 Eigelb
100 g Kastanienpüree
400 g Sahne
glasierte Kastanien und Kirschlikör zum Garnieren

Zucker und Wasser aufkochen. Eigelb vorsichtig dazugeben und im kalten Wasserbad schaumig rühren, bis die Masse kalt ist. Kastanienpüree dazugeben. Die Sahne steif schlagen und unterziehen. In Förmchen gießen und mindestens fünf Stunden ins Kühlfach stellen. Vor dem Servieren mit glasierten Kastanien und Kirschlikör garnieren.

Die Geister des Castelliere

Wie Schildkrötenpanzer schauen die kahlen, vom Gletscher abgehobelten Keltenfelsen in der Nähe von Arcegno aus der beinah immergrünen Vegetation. Der König dieser Erhebungen ist drüben im Pedemonte der Castelliere di Tegna. Noch immer geben die Ausgrabungen oben, auf seiner Kuppel Rätsel auf.

Yvonne, Kunstrestauratorin, schlug neulich vor, bei Vollmond den Castelliere zu besteigen. Das ist keine sportliche Leistung, denn der kleine Felsberg ist laut Karte nur 529 Meter hoch und der Aufstieg von Tegna aus dauert eine knappe Stunde. Doch der Weg ist steil und die Felsplatten sind oft glatt. Gianpietro und Paolo sollten sich vorher über den neuesten Forschungsstand der Ausgrabungen informieren und Yvonne versprach, sich um das leibliche Wohl der mondsüchtigen Expedition zu kümmern.

So gelangten wir in der Dämmerung bis zu dem kleinen Sattel, Forcola genannt, wo wir den Mond bleich zwischen Wolkenbänken auftauchen sahen. Vor einer der Schafhütten machte ein erster Trunk die Runde. Dann stiegen wir im Zickzack, einer hinter dem anderen, den schmalen Fußweg hinauf zum Kopf des Castelliere.

Zum ersten Mal stand ich auf diesem natürlichen Wachtturm, und die Aussicht ins Tal, wo die ersten Lichter brannten, war hinreißend. Von hier aus kann die ganze Umgebung kontrolliert werden: das Maggiatal bis Gordevio, das Centovalli bis Intragna, Losone und Arcegno, die Dörfer des Pedemonte, die Mündung des Maggiaflusses und ein Teil des Gambarogno, Ponte Brolla und Monte Brè, Locarno und weite Teile des Lago Maggiore. Auf drei Seiten ist der Castelliere dank der Felswände uneinnehmbar, das muss seinen Wert in früheren Zeiten erhöht haben.

In den Dreißigerjahren des 20. Jahrhunderts hatten zwei Studenten in der vom Gletscher ausgescheuerten Mulde des Felskopfs Mauerreste und Keramikscherben entdeckt, unter der römischen Kulturschicht war eine prähistorische zu erkennen. In den Vierzigerjahren wurde dann unter der Leitung eines Archäologen mit Ausgrabungen begonnen: Es kamen Grundrisse aus drei konzentrischen Quadraten zum Vorschein, die beiden äußeren mit einer merkwürdigen Diagonalmauer versehen. Das innerste der Quadrate besitzt ein tiefes Kellergeschoss, das durch eine Pfeiler- und Bogenstellung geteilt ist; jeder Raum türlos, nur durch eine Öffnung im Deckengewölbe und über eine Leiter zu betreten. Über die Zweckbestimmung dieser Anlage begann unter den Fachleuten eifriges Rätselraten: War es eine römische Festung, im Mittelpunkt eine Zisterne? Ein gallo-römischer Tempel? Eine Stätte des aus Persien übernommenen Mitraskults? Stellte die Form der Anlage eine Rune dar, ein Zeichen, das den Initiierten Kraft vermittelte? In den Sechzigerjahren wurden die mühsam freigelegten Ruinen und Rekonstruktionen wieder von der Vegetation überwuchert und durch Witterungseinflüsse und Vandalenakte zerstört. Vor ein paar Jahren hat man schließlich, um Unglücksfälle zu vermeiden, die Anlage mit ihren Geheimnissen wieder mit Erde zugedeckt.

Wir bestaunten den tiefen Sodbrunnen unterhalb der ursprünglichen Ausgrabungen; Gianpietro vermutete an einer unwegsamen Stelle des Berges sogar noch eine andere Quelle. Im Volksmund heiße sie Feenquelle. Um diese »Fontana delle fate« rankten sich in den Dörfern des Pedemonte viele Sagen: meist sei die Rede von einäugigen Feen, die vor Zeiten den Hirten und Bauern der Umgebung erschienen.

Einer solchen Fee möchte er gerne begegnen, meinte Paolo. Doch Gianpietro winkte ab – die Feen hätten sich, eines neugierigen Bauern wegen, von den Menschen zurückgezogen. Man erzähle sich folgende Begebenheit: In Tegna kam oft eine der Feen zu Menusino, dem Bauern und bat ihn immer wieder, ihr einen hölzernen Getreidescheffel auszuleihen. Am andern Tag fand er den ausgeliehenen Gegenstand wohlbehalten wieder im Stall. Nun packte Melusino die Neugier, er wollte wissen, was denn die Feen mit seinem Scheffel zu messen hätten? Er griff zu einer List und bestrich den Boden des Maßes mit Pech. Anderntags staunte er nicht schlecht, als anstelle von Gerstenkörnern auf dem Boden ein paar Goldstücke klebten! Die Feen jedoch, durch das Nachspionieren verletzt, blieben seither den Menschen fern.

War auf dem Castelliere vielleicht ein keltisches Heiligtum, das den Quellfeen geweiht war?, überlegte Paolo. Hatte man hier nicht auch keltische Kultgegenstände gefunden? Fragen über Fragen. Doch die Geister des Castelliere schwiegen.

Es war inzwischen dunkel geworden, der Mond hing rund und honiggelb über uns. Wir ließen uns auf der geheimnisvollen Diagonalmauer nieder und Yvonne reichte zu einem Glas Prosecco wunderbar frische Bruschetta, Tomatenstückchen auf Knoblauchbrot. Das Nachtessen, verhieß sie, werde in ihrem Garten in Ascona serviert. So traten wir bald mit Laternen und Taschenlampen den Abstieg an, schweigend, auf dem weglosen Steilhang zwischen den Stämmen ganz auf unsere Schritte konzentriert, unsere Schatten bewegten sich auf dem Waldboden und unter unseren Schuhen raschelte das vorjährige Kastanienlaub.

Der Abend war lau, im Asconeser Garten roch man den nahen See. Yvonnes Brasato, ein Rinderbraten, wurde aufgetragen, dazu körnige Polenta; das Rezept stamme von ihrer in Ascona aufgewachsenen Mutter. Der fruchtige Merlot dazu weckte unsere Lebensgeister.

Yvonne Bölts Begeisterung jedoch gilt nicht nur dem Kochen, sondern auch der Restaurierung von Scagliola, den Intarsien aus Stuckmarmor. In vielen Tessiner Kirchen trifft man Altäre in dieser Technik an, meist aus farbiger Steinmasse in Schiefer eingelegte Vögel, Blumen und Ranken. Haben die Kunstwerke im Lauf der Jahre gelitten, ist die Hilfe der Spezialistin gefragt. In ihrem Atelier, das sie mit dem römischen Künstler Gianni Loreto in Ascona geführt hatte, entstanden aber auch prachtvolle Esstische, künstlerisch gestaltete Einzelanfertigungen, denen man da und dort in Tessiner Privathäusern begegnet. Auch ihre reich illustrierten Kunstbücher über das alte Ascona und über die Stadt Locarno aus den *Edizioni Serodine* sind gefragt.

Doch an diesem Abend faszinierte die sensible und phantasievolle Köchin und Gastgeberin, die mit sicherem Gespür Menschen zusammenbringt, selbst aber lieber im Hintergrund bleibt. Ihr Brasato-Rezept ist am Ende des

Kapitels ›Bavonatal: Rituale des Überlebens‹ zu finden, und zu Essen in der ›Froda‹.

Steine, grünes Wasser und Forellen: das Verzascatal

Nirgends, so bin ich felsenfest überzeugt, sind Steine schöner als im Tal der aqua verde, im Tal der Verzasca. Der Fluss der Zeit, die wilden Wasser und die Erosion haben die Steine bearbeitet, gehobelt und ihnen erotische Formen gegeben, Bildhauer wie Hans Arp haben sich von ihnen inspirieren lassen.

Habe ich das seltene Glück, bei Lavertezzo nicht in Scharen von Touristen über die Doppelbrücke Ponte dei Salti gehen zu müssen, so spüre ich genießerisch den rundköpfigen Steinen unter den Fußsohlen nach und erfahre im Gehen etwas vom kühnen Schwung der Bögen. In der Mitte der Brücke, den Blick gegen die Kirche von Lavertezzo gerichtet, erscheint mir das Flussbett aus Serizitgneis hell wie Marmor, mit grünlichen Mustern und bläulichen Maserungen. Drehe ich mich um, öffnet sich auf der anderen Seite der Brücke eine abenteuerliche Canyon-Landschaft mit Tümpeln aus smaragdgrünem Wasser. Die kühne Brücke aus Bruchsteinen stammt nicht, wie ich erst vermutet hatte, aus der Römerzeit; sie wurde erst im Mittelalter so elegant mit einem Doppelbogen über die Felsen gespannt – das archaische Bauwerk ist in jedem Fall eine Reise ins Verzascatal wert.

Im Hochsommer kommt über die Gegend große Unruhe: Scharen von Touristen entsteigen den Bussen, erklettern die Steine, werden durch die weich geformten Steinwannen und das im Licht blitzende Wasser zum Baden verlockt. Kanus schieben sich durch den Felscanyon, in der Tiefe des durchsichtigen Wassers gleiten Taucher mit silbernen Schwimmflossen und Masken vorbei. Ermutigt von den Zurufen der Schaulustigen, springen die Verwegensten kopfvoran, dicht an den Felsen vorbei von der Brücke.

Der Stein erträgt alle Verrücktheiten.

Nur die Menschen sind für Gefahren anfälliger. Zwar stehen überall Warntafeln, doch es vergeht kaum eine Woche, ohne dass ein oder zwei Schwimmer von den versteckten Strudeln in die Tiefe gerissen werden. Der Notfallwagen steht an warmen Sommertagen in Lavertezzo auf Abruf, Leichen werden spät oder nie gefunden, die Sonne sticht, der Stein bleibt gelassen. Grabsteine aus Granit sind unverwüstlich: Menschenzeit gegen Steinzeit. Nach dem Ponte dei Salti, Richtung Brione, spendet der Waldweg dicht am Flusslauf entlang an Hochsommertagen Schatten und Kühle. Dann und wann weichen die Baumvorhänge zur Seite: Steine und Wasser gestalten hier erstaunliche Szenerien. Doch nicht genug – wir sind auf dem Sentiero per l'Arte: Tafeln zeigen an, dass 32 Werke von 21 Künstlern zu sehen sind, und es wird zu einer Art Vexierspiel, zwischen Bäumen und Felsen diese Metallstäbchen, Spiegel und bearbeiteten Steine zu entdecken. In einem Atelier hätten wohl einige dieser Werke Staunen erweckt, doch neben der Konkurrenz der großartigen Natureinfälle scheint mir, als habe menschliche Kreativität wenig Chance: Wer beachtet schon ein bengalisches Zündholz während eines Gewitters? Witzig sind im Wald beim Weiler Ganne die an den Stämmen hochgebauten, windschiefen Wohntürme und Waldwolkenkratzer.

Der Weg zieht sich und steigt an: Unser Ziel ist das Bergdorf Brione. Mit seinen stattlichen Häusern im Schatten der Berge, der Kirche mit ihren Fresken, die Szenen aus der biblischen Geschichte erzählen, ist es die Anstrengung wert. Doch langsam lassen sich Durst und Hunger nicht mehr ignorieren. Die Wirtschaft im kleinen Schloss des Ortes, wo zwei schlurfende alte Frauen Speis und Trank brachten, ist geschlossen worden. So verlassen wir das Dorf wieder talwärts und kehren nach ein paar Schritten im ›Ristorante Piee‹ ein. Hier werden matten Wanderern springfrische Forellen serviert.

Auf dem Rückweg, bevor wir das Verzascatal verlassen und die Serpentinen zur Magadinoebene hinunterfahren, verweilen wir noch einen Moment auf der gigantischen, 220 Meter hohen Staumauer. Der künstliche See, ein in den Sechzigerjahren vollzogener technischer Eingriff, begräbt den Weiler Tropino und damit ein Stück altes Tessin unter sich; ein Vorgang, den der Schriftsteller Piero Bianconi in seinem Buch *Der Stammbaum* in melancholischer Rückschau beschreibt:

»Von der mächtigen Mauer gestaut, steigt das Wasser und verschlingt ganz langsam abschüssige Böschungen, Felder und Ställe, überschwemmt eine Welt undenklicher, namenloser Mühsal, um Energie, Wärme und Licht hervorzubringen. (...) In einem jener Ställe, die sich im Wasser spiegeln, wurde vor mehr als einem Jahrhundert meine Mutter geboren (...), unter Verhältnissen, die man nicht zu schildern wagt, denn niemand würde einem glauben. (...) Hier erlebt man den Gegensatz zwischen den Leuten von gestern, die der kargen Erde einen elenden Unterhalt abrangen, jenes Bisschen, das die Natur gewährt, und den heutigen Menschen, welche die Natur vergewaltigen (...)«

Im Winter, bei niedrigem Wasserstand, bietet sich dem Betrachter vom Damm aus ein gespenstischer Anblick: Wege und Ruinen werden sichtbar – fahle Zeichen jener Zeit, die Bianconis eindrückliche Chronik heraufbeschwört.

Doch es gibt auch friedlichere Bilder: Nach wie vor grasen genügsame Schafe an den Hängen des Verzascatals; so soll hier ein Rezept mit Schaffleisch folgen.

Spezzatino d'agnello Verzasca
Lammragout aus dem Verzascatal

Für 4 Personen:
700 g in Würfel geschnittenes Lammfleisch
(von der Schulter oder Keule)
2 EL Olivenöl
150 ml heiße Fleischbrühe
3 Knoblauchzehen
1 kleine Dose geschälte Tomaten
Salz und Pfeffer
2 Zweige Thymian oder Rosmarin
100 g entsteinte schwarze Oliven
2 Handvoll gekochte grüne Bohnen

Das Fleisch im Olivenöl anbraten, mit der Fleischbrühe ablöschen. Den Knoblauch schälen, hacken und mit den zerkleinerten Tomaten und den Gewürzen und Kräutern dazugeben. Aufkochen und zugedeckt 1 Stunde schmoren. Zum Schluss Oliven und Bohnen unterrühren. Mit Salz und Pfeffer nochmals abschmecken. Dazu ein Kartoffelgratin servieren.

Monte di Comino –
eine wunderschöne Alp

Vor Jahren hatten uns Tessiner Freunde von dieser Wanderung erzählt und die Comino als eine der schönsten Alpen im Tessin gerühmt!

Seither gehört diese Wanderung zu unseren liebsten Ausflügen.

Es gibt verschiedene Wege, auf Comino zu gelangen, wir probierten einige aus und blieben dann dem Aufstieg über Verdasio treu. Ja, mittlerweile gibt es von Verdasio aus auch eine Seilbahn, doch die Reize der Fußwege kann sie nicht ersetzen!

Zwar beginnt unser liebster Weg erst im hochgelegenen Dorf Verdasio. Wer mit dem Auto unterwegs ist, wird sich wohl die enge Strasse bis nach Verdasio hinaufschrauben und dort nach einem der raren Parkplätze suchen. Ohne Auto fährt man mit der Centovallibahn bis zur Haltestelle Verdasio, hat dann aber noch den steilen Fußweg zum Dorf vor sich. Wie auch immer, Verdasio, das einfühlend renovierte Dorf, verdient einen Besuch, vom Kirchplatz aus genießt man den Panoramablick hinunter auf den grünen Stausee von Palagnedra!

Dann beginnt der Aufstieg nach Comino auf der breiten Mulattiera.

Von Baumkronen überschattet, ist sie ein wahres Kunstwerk: Frühere Generationen haben den Weg liebevoll mit Gneisplatten angelegt, um mit ihren Maultieren die höheren Staffeln zu erreichen. Bäche rieseln, und wenn es am Wegrand im dürren Laub raschelt, hat man oft das Glück, den riesigen Smaragdeidechsen, den »Ramarri« zu begegnen. Im Frühling tragen sie ihre Brautrobe: ein apfelgrünes Schuppenkleid, das am Hals eine blaugrüne schillernde Färbung annimmt.

Vielleicht etwas steil, dieser Aufstieg? Machen Sie da und dort eine Rast, genießen Sie zwischen den Baumstämmen die Aussicht, gut auch, wenn Sie etwas etwas zum Trinken dabei haben! Nach etwa einer Stunde verlässt man den Waldpfad und gelangt auf die freie Stufe der Alpweiden. Die Bergblumen auf den Bergwiesen sind nach dem waldigen Aufstieg ein wohltuender Anblick!

Erreicht man schließlich die Alpe di Comino, taucht man in eine andere Welt ein, es gibt hier weder Straßen noch ein Stromnetz! Auf dem hübschen Pfad, einem fast ebenen Rundgang, begegnet der Fußgänger Wiesen von seltener Blumenpracht, im Herbst auch Hügel voller Blaubeeren. In den lockeren Kastanienwälder finden geübte Pilzsucher Porcini und Parasol, Steinpilze und Schirmlinge.

Früher sah man von Weitem oben auf der Alp die Fahne des ›Riposo romantico‹ winken. Das Grotto, schon lange geschlossen, soll jetzt im Umbau sein.

Eine so wunderbare Gegend ohne Raststätte? Das wäre fatal!

Zum Glück steht nun, zu Beginn des Rundgangs, in einer Wiese das Bergristorante ›Alla Capanna‹, ein engagiertes junges Wirtepaar kümmert sich um die Gäste. Von der Sonnenterrasse des Gasthauses öffnet sich der Ausblick in die Bergwelt: der Monte Gridone grüßt als höchster Berg des Centovalli, zur rechten und zur linken Seite dann die angrenzenden italienischen Bergketten der Valle Vigezzo! Vor dem Bergrestaurant speist man im Freien an Tessiner-Granittischen, bei schlechtem Wetter zieht man die Gaststube vor mit dem großen Kamin. Die kleine Speisekarte orientiert sich an der traditionellen Tessinerküche, viele der Spezialitäten werden in liebevoller Handarbeit hergestellt: hausgemachte Kartoffel-Gnocchi mit Luganighe-Würsten zum Beispiel oder eine reichhaltige Minestrone. An Wochenenden vergrößert sich das Angebot: Brasato al Merlot, Ossibucchi alla birra ambra, im Herbst Risotto mit Heidelbeeren oder ein würziges Wildschweinpfeffer. Wer abends noch die Ruhe des Bergfriedens und den Sternenhimmel genießen will, kann in der ›Capanna‹ in einfachen Zimmern übernachten.

Haben Sie auch für die spirituelle Seite eines Ortes etwas übrig, so werfen Sie doch einen kurzen Blick in die kleine Wallfahrtskirche auf dem oberen Alpboden. Seit dem 17. Jahrhundert sitzt da eine Madonna mit Kind, sitzt da mit dem kraftvollen, konzentrierten Blick einer jungen Bäuerin, wartet auf Besucher mit ihren Nöten und Anliegen. Sie leitet die Bitten weiter, Tafeln mit »Grazie« beweisen die Tüchtigkeit der Fürsprecherin. Nur in trüben Tagen sitzt sie wohl verlassen da und ich denke, als weibliches Wesen wird sie sich in dieser Einsamkeit über jeden kleinen Gruß freuen!

Für eher magisch begabte Wanderer gilt die hintere Hochebene, bevor sie steil absteigt zum Onsernonetal, als verwunschen. Trinkt man in der ›Capanna‹ genügend Merlot und verbringt hier einen Teil der Vollmondnacht, kann man Elfen in den feinen Bodennebeln tanzen sehen.

Gnocchi di patata
fatti a mano al burro e salvia:

Zutaten für 6 Personen:
1 kg mehlig kochende Kartoffeln
(z. B. Bintje, Agria)
300 g Weißmehl
2 Eier
10 g Salz
1 Prise Muskatnuss, gemahlen
50 g Butter
12 Blätter frischen Salbei
1 EL Olivenöl
Parmesan zum Servieren

Zubereitung:
Die Kartoffeln mit der Schale in Salzwasser weichkochen.
Abgießen, noch heiß schälen und in Stücke schneiden,
dann ausdampfen und abkühlen lassen.
Die ausgekühlten Kartoffelstücke durch die Presse drücken.
Mit Salz und Muskat würzen, mit den verquirlten Eiern und
dem Mehl zu einem homogenen Teig mischen.
Auf einer bemehlten Arbeitsfläche aus dem Kartoffelteig
fingerdicke Stränge rollen und in 2 cm dicke Stücke schneiden. Jedes Teigstück mit dem Rillenholz oder einer Gabel
eindrücken und auf eine bemehlte Arbeitsfläche oder ein
Blech mit Backpapier legen.
Einen großen Topf mit Salzwasser zum Kochen bringen und
die Gnocchi ca. 4 Minuten bei geringer Hitze garziehen lassen.
Sobald die Gnocchi obenauf schwimmen, mit dem Schaumlöffel herausnehmen und in der vorerwärmten Bratpfanne

mit etwas Olivenöl und Butter geben. Salbeiblätter grob schneiden, dazugeben und mit den Gnocchi durchschwenken. In einem tiefen Teller servieren und Parmesan dazugeben.

La Lupa und ihr Brotkuchen

Wer Sie hoch oben im Onsernonetal spazieren gehen sieht, glaubt, in der herben Bergkulisse eine Erscheinung zu sehen: eine groß gewachsene schöne Frau in wallenden Gewändern von orientalischer Farbpracht, auf dem wehenden tizianroten Haar schwankt ein verwegenes Hutgebilde. Unser Freund Albert Hofmann, der als Chemiker bei einer Pilzanalyse das LSD entdeckt hatte, war an Fata Morganas gewöhnt; er nannte sie liebevoll eine lombardische Prinzessin. Doch La Lupa, die bekannte Tessiner Sängerin, ist weder Prinzessin noch Zugereiste.

In Corbella bei Comologno, wo sie aufgewachsen ist, hat ihre Passion für Hüte Tradition, florierte doch im Tal lange Zeit die Strohindustrie und belieferte die italienische Hutmode. Auf kleinen Äckern hinter dem Haus angepflanzt, wurde der Roggen noch nicht ganz reif, dafür weich und geschmeidig, geerntet und auf den charakteristischen Holzlauben, den Lobbien, zum Trocknen aufgehängt. Frauen, Kinder und die älteren Dorfbewohner flochten kilometerlange Strohzöpfe, aus denen Hüte, Taschen und Körbe aller Art entstanden. Die Strohflechterei brachte bescheidenen Wohlstand. Als diese Hausindustrie durch die englische Konkurrenz zusammenbrach, war es vorbei mit dem Nebenerwerb der Frauen. Für viele Familien blieb nur das Auswandern, Handwerker und Händler zogen damals mit Vorliebe nach Frankreich und Flandern.

Auch La Lupa ist als Jugendliche auf Arbeitssuche wegge-
zogen nach Zürich. Heute lebt sie, zusammen mit ihrem
Mann, immer noch dort, ihre Gesangsabende mit alten
Volksliedern, für die sie in italienischen Archiven und
Liedersammlungen recherchiert, sind meist zweisprachig
gehalten. Schon die Titel der Produktionen beschwören
ihre Welt: *L'odore della libertà (Der Geruch der Freiheit), Volo e
mi ricordo (Ich fliege und erinnere mich)* oder das Dante-Zitat
Amor che nella mente mi ragiona (Die Liebe bewegt mein Denken).
Da kommt auch temperamentmäßig Südländisches hoch.
Dass La Lupa italienisch singt, ja oft in einem der italienischen Dialekte, stört die deutschsprachigen Zuhörer
kaum. Die Sängerin versteht es, ihr Publikum wortwörtlich ins Bild zu setzen: durch die klare Diktion, die spre-
chende Mimik und durch die Komik der Bewegungen. So
verwandelt sie sich zum Beispiel in einen Gauner der
Brennnesselbande oder in ein Mädchen, das schlafwand-
lerisch einen Liebhaber sucht.
La Lupa, sie ist so etwas wie eine lebendige Kulturbrücke,
eine Vermittlerin zwischen italophoner und deutschspra-
chiger Kultur. Doch bei aller Weltläufigkeit – nirgends
findet sie mehr Ruhe und Inspiration als in Corbella in
ihrem Vaterhaus. Eher sollte es Mutterhaus heißen, sagt
Lupa und erzählt: »Wie viele Kinder im Onsernone
wuchs ich in einer Art Matriarchat auf, denn die Väter
arbeiteten das ganze Jahr in der Svizzera interna oder in
Frankreich als Maurer und Gipser. Mütter und Großmüt-
ter waren zuständig für Kinder, Tiere, Haus und Äcker.
An Weihnachten kamen die Männer heim und brachten
die lang erwartete Lohntüte. Dann wurde gebacken und
gekocht und gefestet, die Väter verwöhnten den Nach-
wuchs – und machten der Frau ein neues Kind. Wenn sie

nach ein paar Wochen verschwunden waren, waren die Mütter mit ihrer Kinderschar wieder auf sich selbst angewiesen mit den kargen Äckern, den Schafen und Ziegen, den Sorgen um die Existenz.«

In einige von La Lupas Programmen fließen diese Erlebnisse ein. So erzählt sie in den Wiegenliedern *Ninna Nanna* von der Plackerei und der Ungeduld überforderter Frauen. Lupa stellt ihre Programme selbst zusammen; nein, keine Folklore, wehrt sie ab. Leicht eingängig ist da nichts, viele der Texte sind der Literatur entnommen und die Melodien haben ihre alten, meist norditalienischen Vorbilder – aber alles, was sie singt, erwacht zu neuem Leben.

In diesem Sommer hängt an der Tür der ›Osteria Palazign‹ in Comologno die Ankündigung von einem La Lupa-Abend. Im August gibt die Künstlerin als Hommage an ihre Landsleute in ihrem Geburtsort fast immer ein Freiluft-Konzert. Meine Freunde und ich setzen uns dann zu den Einwohnern auf die von der Abendsonne gewärmten Granittreppen, und die Sängerin tritt auf dem kleinen Platz vor der Kirche auf. Für einmal muss sie keine Erklärungen geben, die Leute verstehen sie und ihren Dialekt. Große Worte macht man hier oben nicht, aber man spürt, dass La Lupa mit ihrem Gesang zu Hause angekommen ist. Doch ob sie in Wiesbaden oder auf einem Kastell im Piemont singt, immer sieht sie die Gesichter und Geschichten »ihrer Leute« vor sich: Da sind die Bergbewohner mit den verhaltenen Leidenschaften, die Schmuggler und kleinen Gauner, und die Töchter, die es in der Enge nicht mehr aushalten und abhauen in die Stadt. Mit Schalk und Komik erzählt und singt La Lupa von diesen Ereignissen und Lebensläufen. Immer mahnt da auch die Gestalt des Vaters, der sich im Leben »so sehr abgerackert« hat, wie La Lupa betont.

Am Tag nach dem Konzert machen wir einen Spaziergang mit der Sängerin. Vor Corbella, im Weiler Danzio, steigen wir zum alten Saumweg hinunter, der über zwei der kleinen Nebenflüsse zwischen Isorno und Fahrstraße talaufwärts führt. Beim Friedhof von Comologno endet ein Teil des Wegs, eine Gelegenheit, wieder einmal diesen kunstvollen, fast anmutig heiteren Totenplatz zu betrachten: Im Dreieck angeordnet, werden die Gräber hier vom Kranz der kleinen Kapellen und von der Hügelkette des Tals bewacht.

Auf der Fahrstraße kehren wir zum Weiler Corbella zurück, denn Lupa lädt in einem typischen Steinhaus mit Holzlauben zu Kaffee und ihrem selbstgemachten Brotkuchen ein. Die Torta di pane ist im Tessin einer der bekanntesten Kuchen, und jede Hausfrau macht ihn auf ihre spezielle Art aus Brotresten und Pinienkernen: ein Rezept aus der Cucina povera, das wie die Pizza auch in der Zeit des Wohlstands köstlich schmeckt. Während Lupa auf der Terrasse mit dem Auftischen beschäftigt ist, macht sich Paolo heimlich auf der Lobbia zu schaffen, klebt mit Spezialleim herzförmige Steine an die Mauer – und alle Steine, wie kann es anders sein, bilden wiederum ein Herz. Seit Lupa in unserem Küchenhöfchen ein ähnliches Gebilde bewundert hat, haben wir auf unseren Wanderungen Granitherzen gesucht. Denn La Lupa hat seit ihrer Heirat einen besonderen bürgerlichen Namen ... Ja, ihr Name ist Herz!

Lupa hat mir ihr Familienrezept für den Brotkuchen gegeben. Es fiel mir auf, dass hier, entgegen den Grundrezepten, nicht nur ein halber, sondern ein ganzer Liter gekochte Milch gebraucht wird. Ob das nicht zuviel sei, fragte ich Lupa und bekam zur Antwort: »Unser altbackenes Brot im Onsernonetal war steinhart, so war eben ein ganzer Liter Milch notwendig, um es aufzuweichen!«

Lupas Torta di pane
Brotkuchen

500 g altbackenes Brot
½ bis 1 l heiße Milch (je nach Härte des Brots)
100 g Sultaninen
80 g kandierte, klein geschnittene Früchte
etwas abgeriebene Zitronenschale
2 Eier
100 g Zucker
Zimtpulver
3 EL Kakaopulver
1 Gläschen Grappa
Butter und Paniermehl für die Form
50 g Pinienkerne

Das Brot klein schneiden und in der Milch einweichen. Mehrere Stunden ruhen lassen und dann mit einer Gabel zu Brei zerdrücken. Die restlichen Zutaten untermischen. Eine Auflaufform mit Butter einfetten und mit etwas Paniermehl bestreuen. Die Füllung etwa 2 cm hoch darin verteilen. Mit Pinienkernen bestreuen. Mit Butterflocken belegen und mit etwas Zucker bestreuen. Bei 200 °C im vorgeheizten Backofen etwa 1 ½ Stunden backen.
Erst am nächsten Tag essen.

Onsernone-Blues

»Auf nach Comologno, wir wollen Bixios Mirtilli-Risotto essen!«, sagte ich Ende November zu meinen Tessiner Freunden. Vor zwei Jahren, während meiner Recherchen für *Aline und die Erfindung der Liebe,* hatte Bixio oben im Onsernonetal von diesem Reis geschwärmt. Inzwischen ist es wohl ein offenes Geheimnis, dass Bixio mit seinen Erinnerungen mir das Vorbild geliefert hat für den Protagonisten des Buches, den dreizehnjährigen Luca. Das Buch blendet in die Dreißigerjahre zurück, wo die schöne und geistreiche Aline Valangin in ihrem Palazzo ›La Barca‹ Emigranten wie Kurt Tucholsky, Ignazio Silone, Max Ernst, Meret Oppenheim, Elias Canetti und andere beherbergt hat. Unterdessen ist auch in Comologno Zeit verflossen. Bixio, der seinen ungewöhnlichen Namen einem General Garibaldis verdankte, war eine der prägnantesten Persönlichkeiten des Dorfes. Lange Zeit Kulturredakteur beim italienisch-schweizerischen Fernsehen, hatte er damals mit allen Einwohnern bei Polenta und Wein seinen achtzigsten Geburtstag gefeiert.

Ich rief also in Comologno an.
Am Telefon Bixios Frau, die Nice: »Wie? Bixios Mirtilli-Reis? Na hör mal, ich bin es, die in diesem Haus kocht! Bixio ist doch eine Frana in cucina – ein Erdrutsch in der Küche!«

Vom andern Ende erscholl ihr Lachen. Dann räumte sie liebevoll ein: »Mag ja sein, dass er ab und zu im Topf ein bisschen rührt!«
Sie versprach, den Reis zu kochen und schlug als Secondo eine weitere Tessiner Spezialität vor: Rape mit Luganighette.

Es ist ein Erlebnis, auf der kurvenreichen Straße ins Onsernonetal zu fahren. (Wer seine Energien und sein Auto schonen möchte, fährt allerdings besser im Postauto ...). Die Felswände glänzen vom letzten Herbstregen, die Wälder flammen in rötlichen Schattierungen, Kastanienblätter wirbeln vor die Heckscheibe. Runsen und Rinnsale haben die Straße schon vor Jahrzehnten gezwungen, in weiten Schlingen auszuweichen, über die Klüfte mit den Nebenflüssen spannen sich archaische Steinbrücken. Das enge Tal übt seit Langem eine besondere Anziehungskraft aus: Auf einer sonnigen Terrasse oberhalb der Fahrstraße, im Dorf Berzona, haben Alfred Andersch, Max Frisch, Golo Mann und andere Ruhe und Inspiration gesucht.
Die schönen alten Häusergruppen von Russo tauchen auf, unter den Säulenarkaden der Osteria nehmen wir uns Zeit für den morgendlichen Cappuccino. Auf der Weiterfahrt verschiebt sich bei jeder Kurve die Perspektive, neue Waldstücke und Steilflanken, in den Siedlungen das Spiel der hellen Steinmauern und der von der Sonne dunkel gebrannten Holzbalkone. In einer der engen Dorfpassage bleiben wir eine Weile hinter dem Lieferwagen des Talbäckers stecken, Frauen mit Körben am Arm decken sich hier für ein paar Tage mit Brot ein.
Glaubt man, je höher man sich empor schraube, nur noch Ziegenställe anzutreffen, so ist man verblüfft über die

Baukultur im zweitobersten Dorf Comologno. Um die kleine Piazza reihen sich stattliche Bürgerhäuser mit hölzernen Lobbien, auf denen zur Blütezeit der Strohindustrie die Strohzöpfe zum Trocknen aufgehängt wurden. Mehrere Paläste legen Zeugnis ab, dass einheimische Familien im Ausland zu Geld und Kunstsinn gekommen sind. Über den eng zusammengedrängten Häusern, die einer dreißig Meter hohen Felswand ausweichen müssen, thront der Palazzo di Cima. Am Eingang des Dorfes, dem Palazzo di Sotto mit dem Glockentürmchen gegenüber, versteckt sich neben der Osteria ›Palazign‹ hinter einer hohen Naturmauer der anmutige Palazzo La Barca. Er hat eine besondere Entstehungsgeschichte: Ein junger Mann aus der Familia Remonda in Comologno versuchte, wie andere junge Männer aus dem Onsernone im 18. Jahrhundert, in Frankreich sein Glück zu machen. An der Pariser Börse konnten damals Schiffe, die nicht rechtzeitig im Hafen eingelaufen waren und als verschollen galten, ersteigert werden. Lief das Schiff wider Erwarten dennoch ein, fiel es samt seiner Fracht dem Ersteigerer zu. Remondas Schiff, das nach Wochen im Hafen ankam, war hoch beladen mit Seidenstoffen. Remonda verkaufte seine Stoffe an reiche Damen, kam zu Vermögen und ließ in seinem Dorf nach savoyardischem Vorbild einen Palazzo bauen, den er aus Dankbarkeit La Barca nannte, »das Schiff«.

Der berühmte Zürcher Rechtsanwalt Vladimir Rosenbaum und seine Frau Aline – später als Schriftstellerin bekannt unter dem Pseudonym Valangin – hatten die Barca 1929 erworben. Das Haus ist heute noch in Privatbesitz und dient einer aus Comologno stammenden weit verzweigten Berner Familie als Sommerresidenz.

Besuchern steht der neu renovierte Palazzo Gamboni offen. Hier kann man sogar in freundlichen Zimmern über Nacht bleiben, im Untergeschoss stehen Badeeinrichtungen zur Verfügung, denen das Heilwasser aus den nahen Bagni di Craveggia demnächst zugeleitet werden soll. Steht man auf einer der Terrassen, so öffnet sich freie Sicht auf den Garten der Barca: Das Schwimmbecken aus den Zwanzigerjahren hat Max Ernst nach verlorenen Schachpartien putzen müssen, und Kurt Tucholsky, mit Badehose und zylinderartigem Strohhut, hat hier sein Bad genommen.

Noch bleibt uns Zeit für einen kurzen Spaziergang in das nur einen Kilometer entfernte Spruga, das oberste Dorf des Tales. Italien ist von hier aus auf bequemem Fußweg erreichbar, kaum eine halbe Stunde bis zu den einst berühmten Bagni di Craveggia, dessen Badeanlagen und Hotel 1952 durch eine Lawine weggefegt wurden. Imposante Berge umschließen den nun stillen Ort. Auf den steilen Pfaden ins Val Vigezzo zogen früher viele Auswanderer Richtung Savoyen und Piemont.

Wir werden zum Mittagessen erwartet und kehren nach Comologno zurück. Bei Nice und Bixio herrscht wie immer eine heitere und anregende Stimmung: Nice kocht, Bixio rührt im Topf. Und die Besucher widmen sich der Vorfreude und dem Prosecco.

Bald breitet sich am Tisch die Stille der Genießer aus: Der Risotto, zu dieser Jahreszeit zwar aus tiefgekühlten Blaubeeren gemacht, ist großartig gelungen. Nice, erfreut durch unsere Komplimente, erzählt von der Sommervariante aus Erdbeeren und nimmt mir gleich meine Bedenken: Nein, er schmecke, genau wie der Mirtilli-Reis, nicht süßlich. Vor den Tellern mit dem zartblauen Reis erfahren wir von Nices Lieblingsblumen, dem blaublühenden Mohn. Lange hat sie sich um den Samen dieser botanischen Rarität, der *Meconopsis betonici folia baileyi*, bemüht. Sie flog nach London zu einer Gartenausstellung, wurde dort nicht fündig. Erfuhr dann im Restaurant der Kew Gardens zufällig von den Gästen am Nebentisch, wo der Samen der begehrten Pflanze zu bekommen sei: Die Pflanze stamme aus Tibet und liebe die Kälte. Nice bewahrte den Samen also erst im Kühlschrank auf. Nun, im Alpinum des Comologno-Gartens, auf 1100 m ü. M., gedeiht der Mohn prächtig, die Blüten von einem märchenhaften Blau, wenn man den Fotos trauen darf.

Auf der Heimfahrt machen wir einen Moment bei der verwegensten Onsernone-Brücke Halt, der finsteren Brücke, dem Ponte oscuro. Die Straße folgt hier einem tiefen Einschnitt, in der engen Schlucht rauscht der aus dem Seitental Vergeletto kommende Fluss. Wenn Aline Valangin abends hier vorbei zur Barca hinauffuhr, sah sie manchmal auf der Steilwand der Bergflanke eine Erscheinung, die Bergwand als ungeheure Projektionsfläche für ihr inneres Kino. Die Brücke, um die sich viele Sagen ranken, schwingt sich waghalsig von Abhang zu Abhang und besteht aus zwei senkrecht übereinander stehenden Teilen. Auf einer Plattform des oberen Teils machen wir Rast: Der Himmel im Taleinschnitt ist bläulich verfärbt, ein Verbündeter der Mirtilli und des blauen Mohns.

Risotto ai mirtilli
Risotto mit Blau- oder Heidelbeeren

Für 4 Personen (als Primo):
fein gehackte Schalotten
80 g Butter
300 g Carnaroli-Reis (oder anderer Risottoreis)
½ Glas Weißwein
1 l heiße Fleischbrühe
1 Tasse Blaubeeren
80 g frisch geriebener Parmesankäse
etwas flüssige Sahne
wenig Salz und Pfeffer aus der Mühle

Schalotten in der Butter andünsten. Reis hinzufügen und glasig dünsten. Mit Weißwein ablöschen und etwas Fleischbrühe hinzufügen. Zwei Drittel der Heidelbeeren unzerdrückt dazugeben.

Den Reis unter ständigem Rühren kochen lassen, dabei nach und nach die Fleischbrühe dazugeben. Nach 15 Minuten Parmesan, Sahne, Salz und Pfeffer sowie die restlichen Blaubeeren hinzufügen. Den nach etwa 18 Minuten al dente gekochten Reis sofort servieren!

Auch Nices deftiger Secondo, Rüben und Luganighette, sei hier erwähnt:

Rape e Luganighette
Weiße Rüben und Bauernwürste

Luganighette, im Tessin sehr beliebte Bauernwürste, sind dünne, lange, magere Würste aus Schweine- oder Rindfleisch, die gut gewürzt sind. Sie sind auch gegrillt ein Leckerbissen.

1 kg weiße Rüben
2 – 3 EL Kochbutter
2 Tassen Fleischbrühe
3 EL geriebener Parmesan
½ kg Luganighette (oder andere Kochwürste)

Die Rüben schälen und auf dem Gemüsehobel in feine Scheiben hobeln. In der Butter andünsten, mit Fleischbrühe auffüllen und leicht kochen. Den Parmesan hinzufügen. Wenn die Rüben beinahe gar sind, die Luganighette dazugeben und etwa 15 Minuten bei geringer Hitze fertig garen.

Der Kraftort Sass da Grüm

Ein Kraftort in mancher Beziehung ist die Sass da Grüm im Gambarogno: Wer ihn aufsuchen will, muss den Wagen im Dorf Vairano zurücklassen, denn die Waldwiese mit dem kleinen Hotel lässt sich nur zu Fuß erreichen. Der Anstieg durch den Kastanienwald hinauf zur Aussichtskanzel ist schattig und steil. So bereitet man sich eine halbe oder dreiviertel Stunde lang Schritt für Schritt, an knorrigen Kastanienbäumen und schrattigen Felsen vorbei, auf die außergewöhnlichen Erdstrahlen der Sass da Grüm vor. Wer nichts auf solche Strahlen hält, holt sich wenigstens Appetit auf eine Mahlzeit aus der Vollwert-Küche.

Die Geschichte des kleinen Hotels ist eigenwillig wie der Platz zwischen Felsen und Bäumen. Vor Jahren kaufte der heutige Hotelbesitzer Peter Mettler für seine Familie hier ein Rustico. Der Vorgänger, ein 85-jähriger Mann, bezeichnete den Ort als sehr gesund und belegte das wie folgt: Vor vierzig Jahren, von Gicht geplagt, sei er nur mühsam an Krücken hier heraufgekommen. Nun, im hohen Alter, schaffe er den Weg ohne Stützen in einer Dreiviertelstunde! Dem neuen Besitzer des Grundstücks gab er den Rat: »Wenn Ihr jemals krank werdet, nehmt das Bett und schlaft über Nacht in der Nähe des Aussichtspunktes. Am Morgen werdet Ihr gesund sein!«

Auf der Suche nach einer Quelle für das Haus bezeichnete ein Pendler die Alp Sass da Grüm (Krümelfels) als außerordentlich energiegeladen. Dieser erste Befund brachte Mettler auf den Gedanken, auf dieser Anhöhe ein kleines Hotel zu bauen, damit mehr Menschen die Energie des Ortes nutzen konnten. Doch die Tessiner Baubehörde winkte ab: Baubewilligung in der Grünzone wird nicht erteilt. Es sei denn, eine neutrale Expertise kann beweisen, dass der Platz außergewöhnlich ist. Die Behörde in Bellinzona entschied dann, selbst einen Spezialisten zu stellen und auf die Alp zu schicken: Der Radiästhesist, Ingenieur der Eidgenössischen Technischen Hochschule und Buchautor kam und maß auf dem Hochplateau 40 000 Boviseinheiten anstelle der üblichen 6 500. Der Experte, der seit vielen Jahren den Erdstrahlen auf griechischen, römischen und frühchristlichen Kultstätten nachspürt, sah die hohen Strahlenwerte auf ein ovales Zentrum von neun auf zwölf Metern konzentriert. Er erklärte sich diese hohe Energie durch das Zusammentreffen von drei Faktoren: die senkrecht gespaltenen Felsen, positiv strahlende Wasseradern und ein langwelliges Erdstrahlenband. Der Bericht schloss mit dem Zusatz: »Mir persönlich sind keine ähnlichen Orte dieser Art bekannt. Es wäre schön, es könnten Kranke an diesem Ort Heilung finden, ohne dass der Ort allzu viel von seiner Ruhe und Stimmung verlieren muss.«

Nun konnte Peter Mettler mit dem Bau eines kleinen Hotels nach eigenen Plänen beginnen, ein dreistöckiges, nach baubiologischen Prinzipien erstelltes Gebäude, das sich harmonisch in die topographischen Gegebenheiten einfügt. Zwölf Doppelzimmer und vier Mehrbettzimmer stehen zur Verfügung, im Sommer 1993 kamen die ersten Gäste. Seither ist der stille Ort begehrt und oft ausgebucht. Koffer werden mit einem kleinen Aufzug befördert. Der Strom wird mit eigenen Generatoren erzeugt; in der Küche ist meist der Holzherd in Betrieb.

Man kann an diesem zauberhaft ruhigen Ort an der morgendlichen Meditation teilnehmen, die Peter Mettler auf unprätentiöse und überzeugende Art anbietet. Seine handfeste Art, auch mit geistigen Energien umzugehen, deutet auf einen Mann der Tat: der ungewöhnliche Hotelier war früher Heizungsspezialist! Man kann aber auch der Alp tagsüber den Rücken drehen, unten im See baden oder Bergwanderungen machen zu den Gipfeln des Monte Paglione, Monte Gambarogno und Monte Tamaro. Oder man bleibt einfach in der Wiese liegen und genießt die Harmonie des Ortes.

Nicht jeder kann hier Ferien machen, aber es lohnt sich auch, während einer Wanderung auf der Alp einzukehren und von der Aussichtskanzel aus den Blick über den See Richtung Monte Verità und auf die Keltenfelsen schweifen zu lassen. An einem der Holztische unter den Bäumen kann man sich anschließend mit einem schön präsentierten Gericht aus der Vollwertküche und einem Glas Biowein stärken.

An einem kühleren, bedeckten Septembertag, als im kleinen Speisesaal schon das Kaminfeuer brannte, versuchte ich eine der Spezialitäten: Polentaroulade auf Auberginenbett. Die sattgelbe Roulade, mit Tomatenmark und Rucolapesto bestrichen, mit Rosmarin und Kapuzinerblüte garniert, sah farbenprächtig aus und schmeckte vorzüglich. Unter dem Apfelbaum beim Espresso gab mir der Sass da Grüm-Koch sein Rezept:

Polentaroulade ›Sass da Grüm‹ auf Auberginenbett

Für 6 Personen:

Für die Polenta:

1,2 l Gemüsebrühe (oder 800 ml Wasser und 400 ml Milch)

450 g Maisgrieß, halb grobkörniger Bramata, halb feiner Grießmais

150 g Butter

150 g geriebener Parmesan

1 TL Salz, etwas Muskat

Die Flüssigkeit aufkochen, Maisgrieß in vorsichtigem Strahl hineinrieseln lassen, dabei stetig rühren, damit sich keine Klümpchen bilden. Wenn sich der Brei vom Topfrand löst (nach etwa 40 Minuten), die Butter dazugeben und den Topf vom Herd nehmen. Mit Salz und Muskat würzen.

Tipp: Der Koch auf der Sass da Grüm gibt der Polenta immer etwas Kurkuma für die schöne Farbe bei.

Den Maisbrei auf einem feuchten Küchenhandtuch ca. 1 cm dick ausstreichen und mit Parmesan bestreuen.

Für die Füllung:

500 g frische geschälte Tomaten

1 Bund Rucola

eine Handvoll Pinienkerne

etwas Fetakäse

1 EL Olivenöl

Butter und Parmesan zum Bestreuen

Die geschälten Tomaten zerkleinern, in einem Topf bei mittlerer Hitze etwas einkochen lassen und durch ein Sieb streichen. Den Maisbrei dünn mit dem frischen Tomatenmark bestreichen.

Den »Kopf« der Rolle mit Rucolapesto bestreichen. Dazu Rucola, Pinienkerne und Fetakäse im Mörser zerstoßen und mit Olivenöl binden.

Den Maisbrei mit der Pesto-Seite beginnend vorsichtig im Tuch zur Roulade aufrollen. Mit Butterflocken und Parmesan bestreuen und im vorgeheizten Backofen 15 Minuten bei 160 °C überbacken.

In Scheiben schneiden und auf gegrillten Auberginenscheiben servieren.

Die Roulade passt auch auf ein Gemüsebett aus Lauch und Sellerie.

Dimitri, der Clown

Verscio – eines der drei schönen Dörfer in den Terre di
Pedemonte – in der Nähe von Ponte Brolla einfach zu finden. Es ist der Ort, wo der berühmte Clown Dimitri immer wieder in seinem Theater aufgetreten ist. Ja, Dimitri
ist unlängst gestorben, gewissermaßen auf der Bühne, wie
er es sich gewünscht hat. Doch, kann ein Clown über-
haupt sterben? In allen Menschen, die seine Vorstellun-
gen besucht haben, lebt sein Lachen weiter. Auch seine
talentierte Familie steht manchmal auf der Bühne. Und
die von ihm gegründete »Accademia Dimitri« bleibt wei-
terhin offen für neue Schüler: Bachelor- oder Master-
Lehrgänge, Bewegungstheater, Figurentheater und Ange-
wandte Theaterpraxis!
Dimitri, philosophischer Clown, war ein Botschafter des
befreiten Lachens. In Ascona, wo der 1935 Geborene auf-
wuchs, konnte er beobachten, wie sein Vater Werner Mül-
ler in seiner Werkstatt aus Stein und Ton Welten erschuf.
Er konnte aber auch den geschickten Fingern seiner Mutter Maja zuschauen, die wunderbar poetische Figuren aus
Stoff herstellten. Ab und zu begegnete ich in einer der
Galerien in Ascona noch einem ihrer Zaubervögel. Auch
auf Dimitris Bühnenwelt lag ein Zauber, ein Abglanz der
mütterlichen Philosophie: Die Welt ist noch zu verändern
durch die Kraft der Menschlichkeit und des Humors.
Unter Dimitris Ägide wurden in Verscio Kurse für junge
Mimen gehalten, viele seiner Schüler, einmal flügge ge-

worden, gehören heute zu den besten Artisten des Bewegungstheaters. Auf der Kleinkunstbühne von Verscio gastieren aber auch Tänzer, Sänger und Kabarettisten aus der ganzen Welt: Wir freuten uns über diesen Beitrag zum Tessiner Kulturleben, das Programm der Abende hing immer gut sichtbar in unserem Haus.

Dass Dimitri mit seiner Frau Gunda aber nicht in Verscio wohnte, sondern auf einem waldigen Felssporn über dem Palagnedra-Stausee, hatten wir nicht gewusst. Bis uns eine Einladung zum Nachtessen ins Haus flog. Seine Frau Gunda gab am Telefon eine Wegerklärung durch, die ungefähr so lautete: »Also, von Intragna die Centovallistrasse hinauf: Kurven und Kurven und Kurven. Kurz vor der italienischen Grenze auf der Höhe des Palagnedrasees, links abzweigen. Dann steil hinauf den Waldpfad, nur keine Angst vor den Schwellen, einfach immer Gas geben!«

Gundas Anleitung im Ohr, fuhren wir an einem regnerischen Abend Ende Oktober die unbeleuchtete Centovallistrasse hinauf. Nebelfetzen an den Felsen, durch milchige Watte fuhren wir ins Nirgendwo, kein Auto, keine Menschenseele unterwegs. Einmal ging es über eine filigrane Brücke, daneben, im Fels, öffnete sich ein dunkles Loch. Waren wir auf die Trasse der Centovallina geraten? Da hörten wir den grellen Warnpfiff der Bahn, dicht neben uns rauschte der Zug vorbei.

Schließlich glaubten wir, auf der Höhe des Stausees die Abzweigung zu erkennen. Wie in einem Märchen mussten wir hier die letzte Mutprobe bestehen: in rasantem Tempo über holprige Schwellen auf dem dunklen Waldpfad bergan.

Da hörte mit einem Mal der Wald auf. Auf der Anhöhe stand ein beleuchtetes Haus! Dimitri, der uns hatte kommen hören, trat aus der Türe. Sein breites Lachen empfing uns, alle Beklemmung wich.

In der Erinnerung an diesen Abend sehe ich Dimitris Übungsraum vor mir, an den Wänden Plastiken des Vaters, Lieblingstiere aus der Hand der Mutter, viele Elefanten und phantasievolle Vögel. Alles sollten wir später in Verscio, in Dimitris Museum wiedersehen, das nun nach seinem Tod auch öffentlich auf die innere Welt des Clowns hinweist. Ich sehe uns später wieder auf dem Felssporn über dem Palagnedrasee, unter der Lampe am Tisch, vor einer wunderbar abgestimmten Mahlzeit aus Gundas Zauberküche.

Eine Woche nach diesem Abend sahen wir Dimitri auf seiner Bühne eines seiner ältesten Stücke spielen: *Der Porteur.* Gewiss, der Clown war älter geworden, doch das vergaß man an diesem Abend, er hielt die vielen Zuschauer immer noch im Bann mit seiner Wendigkeit, dem Reiz der spontanen Ideen, den musikalischen Einfällen und seinem unvergesslichen, ansteckenden Lachen!

Nach diesem Abend hatten wir noch Appetit auf eine Kleinigkeit im Theaterrestaurant. An einem der langen Holztische, an dem nach der Vorstellung neben den Zuschauern auch die Akteure Platz nehmen, aß ich an diesem Abend Vollkornspaghetti mit einer sahnig-würzigen »Salsa Gunda«. Zum Andenken an Gunda hier das Rezept:

Salsa Gunda zu Vollkornspaghetti

1 großes Bund Basilikum
einige Zweige Petersilie
100 g Butter
300 g Sauerrahm oder Crème Fraîche
Salz, Cayennepfeffer
1 TL Sojasauce

Kräuter waschen, trockenschütteln und fein hacken. Die Butter schmelzen lassen, Basilikum und Petersilie dazugeben. Sauerrahm oder Crème Fraîche hinzufügen und unterrühren.
Mit Salz, Cayennepfeffer und etwas Sojasauce würzen.
Die Sauce passt sehr gut zu Vollkornspaghetti.

Crespelle alla Renata
Gefüllte Pfannkuchen

Für 4 Personen:
Für die Pfannkuchen:
100 g Mehl
2 Eier
100 – 200 ml Milch
1 EL Butter

Aus Mehl, Eiern und Milch einen Pfannkuchenteig rühren und etwas ruhen lassen. In wenig Butter 8 dünne Pfannkuchen daraus backen.

Für die Füllung:
400 g gehackten Spinat
200 g Ricotta
Salz und Pfeffer

Den gedünsteten Spinat mit der Ricotta vermischen, mit Salz und Pfeffer würzen. Die Pfannkuchen damit bestreichen. Aufrollen und schräg in Scheiben schneiden. Im vorgeheizten Backofen bei 180 °C mit einer Béchamel- oder Tomatensauce überbacken.

Tipp: Als leichtere Variante zum Überbacken eignen sich auch Sahne und geriebener Hartkäse.

Von Moghegno nach Lodano –
es leben die Kastanien!

Anfang November, wenn an den Hängen des Maggiatals noch brüchiges, goldfarbenes Herbstlicht liegt, wird einer meiner Lieblingsspaziergänge – von Moghegno nach Lodano – ein Gang zu Ehren des Kastanienbaums. Kurz vor dem Ort Maggia fahren wir über die Steinbrücke und lassen den Wagen auf der Höhe von Moghegno am Fluss stehen. Nach etwa einer Viertelstunde kann man von der geteerten Straße links auf einen Waldweg abzweigen. Der Pfad führt uns durch lichte, schon entlaubte Kastanienwälder und an kleinen Weilern vorbei. Hier säumen, mehr als anderswo, gut erhaltene Bildstöcke aus dem 18. und 19. Jahrhundert den Weg, ein bäuerlicher Glaubenskosmos begleitet uns: Memento Mori mit klapprigen Skeletten, Madonnen mit Jesuskind, heilige Patrone, anzurufen bei Hagel, Dürre oder Zahnweh, und oben im Himmelsblau des Kapellenbogens breitet eine Heiliggeist-Taube die Flügel aus.

Die holprigen Waldwege sind um diese Jahreszeit gepolstert von raschelndem, dürren Laub und den grünblau stachligen Knollen der Kastanien. Nach den glänzenden Früchten bückt sich heute fast niemand mehr, doch in Mangelzeiten gehörten sie in den Tälern zur Grundnahrung. Hundertfünfzig Kilo, die Ernte eines ganzen Baumes, rechnete man pro Familienmitglied als winterlichen Notvorrat. Sie wurden in gelochten Pfannen über dem

Kaminfeuer geröstet oder in kochendem Wasser gegart, mit Speck und Kraut geschmort oder in den Dörrhäuschen langsam getrocknet. Aus dem Mehl der gedörrten Kastanien stellte man Brote her, mit Rosmarin gewürzte Fladen, oder verarbeitete es zu Gnocchi oder Kastanienpolenta. Auch das Holz des so genannten Lebensbaumes war ein wichtiger Rohstoff: die Sichtbalken und Lobbien der alten Tessiner Häuser, aber auch Tische und Stühle, wurden aus Kastanie angefertigt.

Auf dem Weg nach Lodano machen die glatten, silberfarbenen, meist mehrstämmigen Triebe den Wald luftig, fast durchsichtig. Doch die älteren Kastanienbäume mit der in senkrechter Richtung gerissenen Borke zeigen mehr Charakter. Meine Favoriten sind die uralten, knorrigen Sonderlinge: Ihre dunklen, oft hohlen Stämme denke ich mir von Waldgetier, Eulen und Geistern bewohnt. Aus alten Strünken schlagen neue Triebe, sodass der Baum in den nachfolgenden Generationen weiterlebt; auch wegen dieser besonderen Regenerationsfähigkeit der Kastanie spricht man wohl von ihr als Lebensbaum. Noch wärmt die Novembersonne im Garten des Dorfgrotto von Lodano, wo wir an einem Steintisch eine Minestrone löffeln. Nach dem leichten Imbiss setzen wir meist die Wanderung fort, immer weiter an der Maggia entlang nach Coglio oder Someo, wo eine im Licht gleißende Brücke zum anderen Ufer führt. Doch heute drängt mein Mann Paolo schon vorher auf Umkehr, hat er doch in der Zeitung gelesen, dass in Moghegno der Dörrofen für die Kastanien geöffnet wird, ein seltenes Zeremoniell, das wir uns nicht entgehen lassen wollen.

Um das steinerne Dörrhäuschen, ›Gra‹ genannt, herrscht im Zentrum von Moghegno auch schon eifriges Treiben.

Einer der Männer, auf der steinernen Treppe stehend, öffnet die Tür des Trockenraums. Hier liegen seit drei Wochen die Kastanien aus dem Gemeindewald auf dem Rost, im darunter liegenden Raum hat ein mit alten Kastanienhüllen schwach gehaltenes Feuer mit Wärme und Rauch die Früchte langsam getrocknet und gedörrt. Nun füllt der Arbeiter auf der Treppe Kastanien in längliche Leinensäcke. Diese Säcke werden auf dem Platz von den Dorfleuten heftig auf Holzpflöcke geschlagen, damit die Schalen der Früchte abspringen; die letzten Schalenteile und Häutchen werden von Frauen an einem langen Tisch abgelöst. Dies alles vollzieht sich in ernsthafter, fast ehrfürchtiger Stimmung, als sei die Kastanie immer noch das Brot des Volkes.

Wir fahren wieder über die Brücke der Maggia und überlegen, dass der Aufwand, den die Kastanie verlangt, sie als Grundnahrung wohl in den Hintergrund gerückt hat. Kaum eine Osteria, die noch Kastanienspeisen anbietet, nur als Nachtisch findet man Vermicelles aus Kastanienpüree oder ein Stück Kastanienkuchen. Aber Köchinnen und Köche, darunter viele ernährungsbewusste Hausfrauen, sind neuerdings daran, die kalorien- und fettarme Kastanie, die einen ähnlichen Nährwert wie das Getreidekorn hat, wieder zu entdecken. Doch im Gegensatz zum Getreide ist sie basisch, beugt also der verbreiteten Übersäuerung des Organismus vor.

Wir möchten das Maggiatal nicht verlassen, ohne eine der schönsten Kirchen im Tessin zu besuchen: Santa Maria delle Grazie oder Santa Maria in Campagna kurz vor der Ortschaft Maggia. Diese um 1510 erbaute Kirche liegt abseits auf freiem Feld, und man muss Glück haben, sie betreten zu können, denn sie wird nur im Sommer von den

Kustoden regelmäßig geöffnet. In ihrem Innern steht man vor gut erhaltenen Renaissance-Fresken. Besonders schön ist in der Apsis die Madonna in der regenbogenfarbenen Mandorla: von musizierenden Engeln umflattert, wird sie von Christus gekrönt. Am Eingang der Kirche faszinieren die Votivbilder. Viele dieser im Auftrag einer für himmlische Gnaden dankbaren Kundschaft akribisch gemalten Zeitdokumente stammen von Giovanni Antonio Vanoni, der 1810 in Aurigeno geboren wurde: Seine Bilder schildern die Lebensumstände der bäuerlichen Gesellschaft im 19. Jahrhundert. Da stürzt ein Kind vor die Postkutsche, und die Madonna in der Wolke verhindert, dass die Pferdehufe es verletzen. Ein junges Mädchen will in den Bergen einer verirrten Ziege nachgehen und gleitet auf dem Felsband aus; die Himmlischen schützen es im Sturz. Die Buchstaben G. R. am Rand der Bilder stehen für *grazia ricevuta*, Dank für erhaltene Gnade.

Am Schluss dieses Tages zu Ehren der Kastanie bitte ich meine Freundinnen und Bekannten um Rezepte. Maria aus Cevio hat mir eines für heiße und eines für kühle Tage aufgeschrieben:

Insalata di castagne
Kastaniensalat

Für 4 Personen (als Primo):
400 g frische oder tiefgekühlte Esskastanien (Maronen)
2 Schalotten, 8 entsteinte Oliven, etwas Petersilie
8 Kirschtomaten
8 einzelne Weintrauben oder 1 Handvoll Rosinen
einige Basilikumblätter

Für die Salatsauce:

1 – 2 EL Weinessig

3 – 4 EL Olivenöl

Salz und Pfeffer aus der Mühle

Frische Kastanien kreuzweise einschneiden und in kochendem Wasser portionsweise 10 Minuten kochen. Die Kastanien schälen und häuten. Tiefgefrorene Kastanien 10 Minuten unaufgetaut in kochendem Wasser garen.

Schalotten schälen und wie die Oliven und die Petersilie fein hacken. Mit der Salatsauce zu den Kastanien geben und etwas ziehen lassen.

Den Salat mit halbierten Kirschtomaten, Weintrauben und Basilikum garnieren.

Als Anregung sei hier auch die traditionelle Winterspeise genannt. Während des Tunnelbaus am Gotthard sollen die Arbeiter aus dem Tessin die Kastanien auch in die Zentralschweiz gebracht haben. So findet man diese winterliche Speise heute in vielen Urner Gaststätten.

Kastanien mit geräuchertem Schweinefleisch

In einer Kasserolle Zucker hellgelb rösten, gedörrte Kastanien, die über Nacht in kaltem Wasser eingeweicht wurden, kurz dazugeben und glasieren. Kastanien vom Herd nehmen, mit Fleischbrühe ablöschen, geräuchertes Schweinefleisch dazugeben (z. B. Rippchen oder Speck) und etwa 30 Minuten bei kleiner Hitze sanft kochen lassen. Die Kastanien sollen nicht zerfallen.

Dazu passen Rotkraut und Kartoffeln.

Von Ascona über Monte Verità nach Ronco

Über autofreie kleine Straßen bieten die Wege dieser Wanderung auch an Sommertagen genug Baumschatten und immer neue überraschende Aussichten auf den See und hinüber zu den Hügeln des Gamberogno!
Doch liebe Wanderer, vermeiden Sie bitte die sehr befahrenen Autostraßen!!!
Spazieren Sie erst von Ascona aus über die Treppenwege hinauf zum Monte Verità. Hier, unter dem Hügel mit dem Hotel befindet sich die ebene Parzivalwiese mit luftigem Kaffee und den Rutschbahnen der Kinder.
Doch wir möchten ja weiterwandern nach Ronco, und finden gegen Süden den von Bäumen bestandenen Spazierweg: Erst mit ein paar Steilkurven bergan, dann zieht sich der Weg gemächlicher mit vielen Aussichtspunkten und Ruhebänken den Hügeln entlang! Schließlich tauchen wir ein in einen lichten Wald, der Weg teilt sich, doch beide Pfade münden schließlich auf den großen Parkplatz des Hotel Berno, die Aussichtsterrasse des Viersternhotels hoch über dem Lago Maggiore bietet sich an für eine Rast mit Kaffee und Kuchen.
Von hier aus führt die Straße mit dem romantischen Namen Via Gottardo Madonna nach Ronco.
Fast 200 Meter über dem Lago Maggiore winkt der Campanile von Ronco sopra Ascona; sein Kirchplatz, heißt es, soll einer der schönsten der Welt sein. Das Plätzchen im

Schutz der mächtigen Kastanie wirkt bescheiden, doch wer es betritt, kann es mit der Magie der eigenen Augen zu einer ganzen Welt erweitern: Tief unten der See mit seinen Lichtspielen und Strömungen, die Inseln, zu einer verschmolzen, dunkel im Gegenlicht. Im Norden bereits verschneite Berge, und südwärts gleitet der Blick über sanfte Hügelkämme bis zum italienischen Luino. Umflossen von so viel See- und Himmelsblau muss man sich in die Wange kneifen, um sicher zu sein, dass man nicht abhebt. Ein Blick nach unten überzeugt mich: Meine Füße stehen zuverlässig neben den Baumwurzeln. Ich wende mich ab, um hinter mir in der Dorfkirche San Martino die Chorfresken von Antonio da Tradate zu betrachten. Liebevoll schildern sie, womit man sich im 15. Jahrhundert jeden Monat beschäftigt hat: Der März bläst ins Horn, die Lämmer werden auf die Weide gebracht, der November bringt die Kastanienernte und im Dezember sehen wir – immer noch in der ehrfürchtigen Atmosphäre der Apsis – dem Metzger beim Schlachten zu. Auch das palazzoartige Haus, der Kirche gegenüber, spricht von Kunst: Hier hat bis 1860 der Maler Antonio Ciseri gewohnt. Sein wohl berühmtestes Werk, *Die Grablegung Christi*, ist in der Kirche Madonna del Sasso in Locarno zu sehen.

Der Dorfkern von Ronco ist ein in sich geschlossenes, verwirrendes Labyrinth, in dessen mit Katzenkopfsteinen belegten Gässchen man immer wieder auf neue Seitenstränge, Treppenstufen und tunnelartige Torbögen stößt! Das Zentrum des Gassensystems öffnet sich auf die Piazza della Repubblica – ein stolzer Name für ein Plätzchen, das kaum größer sein dürfte als das ausgespannte Leintuch eines Matrimonialbetts. Die Hausfassaden mit Bo-

genfenstern und hochrankenden Glyzinien wiederum erinnern an Opernkulissen.

Schafft man es, dem mysteriösen Gassennetz in südlicher
Richtung zu entrinnen, gelangt man über Treppenstufen
auf die aussichtsreiche Via Antonio Ciseri. Katzen sitzen
auf der Mauer, hohe Häuser mit Holzgalerien werfen
harte Schatten, der See flimmert. Über einen Fußweg in
Panoramalage gelangt man an einer schön renovierten
kleinen Kapelle vorbei auf die Fahrstraße zur Siedlung
Fontana Martina. Dieser Weiler, früher nur durch einen
Saumweg mit Ronco verbunden, ist in die Kulturge-
schichte eingegangen. Nach einem Erdrutsch hatten die
Bewohner ihre verwüsteten Häuser aufgegeben und waren nach Amerika ausgewandert. Fritz Jordi, sozialisti-
scher Buchdrucker und Maler aus Bern, erstand im Jahre
1923 die winzige Ansiedlung für 18 000 Franken. Nach
dem Vorbild des norddeutschen Worpswede schwebte ihm
vor, eine autarke Künstlersiedlung zu errichten. Die
Künstler sollten, um sich selbst zu versorgen, vormittags
die terrassenförmigen Steilhänge bepflanzen, der Nach-
mittag war der kreativen Arbeit gewidmet. Dem Projekt
fehlte von Anfang an die materielle Grundlage, und die
Steilhänge widersetzten sich den ungeübten Händen der
Idealisten. Trotzdem siedelten sich hier, für eine Weile
wenigstens, bemerkenswerte Menschen an: Der damals
schon bekannte Jugendstil-Illustrator Heinrich Vogeler
kam aus Worpswede und half Jordi, Häuser zu renovieren
und Wasserleitungen zu legen. Ignazio Silone schrieb hier
an seinem Roman *Fontamara*, der nach Erscheinen in
22 Sprachen übersetzt wurde und den Pulitzerpreis erhielt. Im Kampf gegen Mussolinis Italien druckte Silone
auf Jordis Handpresse antifaschistische Manifeste, die

über Schmugglerpfade ins nahe Italien gebracht wurden. Carl Meffert publizierte unter dem Pseudonym Clément Moreau in Jordis Vierteljahresschrift *Fontana Martina* Holz- und Linolschnitte von hohem künstlerischem Rang. Wer Glück hat, kann im Antiquariat noch einen der wertvollen Reprints von den Nummern zwischen Oktober 1931 und November 1932 erstehen – Dokumente einer Bedrohung durch zwei faschistische Regime, deren Polizeitrupps die Fontana überwachten.

Der Weiler dürfte zur Zeit von Jordis Siedlung größer gewesen sein. Von der Osteria mit dem biblischen Namen ›Alla Voce del Deserto‹, Zum Rufe in der Wüste, ist nur noch der verblasste Namenszug auf einer der Hauswände zu sehen. Die kleine Kirche neben dem Kastanienbaum fiel einem Wendeplatz zum Opfer. Doch noch stehen in der Siedlung einige der überhohen Häuser, in deren Schatten man selbst in der Sommerhitze fröstelt, wo Bogen und Durchgänge ein dämmriges, grünliches Licht werfen, wo die Mauern nach Schimmel riechen und mit den Dächern und den nahen Felsen zu einer Einheit verwachsen. Die teils verwegenen Konstruktionen – Strebpfeiler mit Treppen führen zu den Türen im ersten und zweiten Stock – zeugen von tüchtigen Baumeistern. Sie haben wohl vor gut dreihundert Jahren in Norditalien für fremde Auftraggeber Paläste erbaut; hier auf diesem paradiesischen Fleck Erde bauten sie Behausungen für ihre Familien.

Es ist erst Vormittag, und die Herbstsonne lockt in die Höhe. Eine Besonderheit des Tessins ist wohl, dass die Enge in horizontaler Richtung aufgehoben wird durch die vertikale Dimension: Fast jedes Dorf im Locarnese besitzt seine hoch gelegenen Staffeln, die Monti. Blickt man irgendwo in Ronco in die Höhe, berühren die Waldbäume den Himmel – kaum zu glauben, dass sich da oben nach der Waldgrenze ausgedehnte Wandergebiete öffnen!

Zu diesen Hausbergen der Ronchesi führt von der Via Barcone aus eine Art Himmelsleiter, auf der man anderthalb Stunden zwischen den Stämmen der Kastanienbäume über laubbedeckte Platten geht. Auf fast tausend Meter Höhe verlässt man die Kastanienbäume und gelangt von der Località Cassina aus auf einem Ziegenpfad im Zickzack zur Corona dei Pinci. Mit jedem Schritt nach oben schrumpft zwischen Ginsterbüschen und Farn der See, wird zum engen, blitzend blauen Fjord, tief unten zieht ein Schiff eine silberne, pfeilförmige Spur. Die Herbstwiesen sind schon bräunlich verfärbt, im brüchigen Licht vertiefen sich die Schatten, die Terrassierungen der Hänge treten deutlicher hervor. Haben wir die felsigen Zacken der Corona, der Krone, erreicht, geht es zwischen den silberhellen Stämmen der Buchen weiter zum Weiler Casone. Von hier aus führt ein Rundweg wieder zum Ausgangspunkt – vorbei an der Kapelle Madonna di Pozzuoli, in deren Nähe man senkrecht in der Tiefe die Häuser von Ronco wie eine zusammengedrängte Schafherde erblickt.

Ist die Wanderlust größer, steigen wir von Casone aus ein bis anderthalb Stunden weiter hinauf zum Pizzo Leone. Von seiner steinernen Kanzel aus öffnet sich eine prächtige Rundsicht ins Centovalli.

Auf dem Rückweg besuche ich gerne den Weiler Porera, wo sich Hütten und Sommerhäuschen der Ronchesi malerisch über dem Lago Maggiore gruppieren. Auf der

Mauer eines stattlichen Steinhauses, das der Familie
Ciseri gehört haben soll, steht geschrieben:

> Ognuno sta solo sul cuor della terra
> trafitto da un raggio di sole:
> ed è subito sera.
>> Ein jeder steht allein auf dem Herzen der Erde
>> getroffen von einem Sonnenstrahl:
>> und schon ist es Abend.

Dieser etwas schwermütige Text hat mir so gut gefallen,
dass ich ihn auswendig hersagen kann. Erst viel später
habe ich erfahren, wer der Autor ist: Salvatore Quasimodo aus Sizilien, der 1959 mit dem Nobelpreis für Literatur ausgezeichnet wurde.
Gedichte stillen einen anderen Hunger als den, den Wanderer nach vier bis fünf Stunden Weg verspüren. Zum
Glück befinden sich unterhalb von Porera drei Grotti, die
zwischen Alpweiden und Baumstämmen entdeckt werden
müssen.
Hier wird mit Käse, Salametti und einfachen Gerichten
aufgewartet. Doch wir sind an diesem Tag viel gewandert
und ziehen vor, unten in Ronco einzukehren.

Im Dorfkern locken das ›Hotel Ronco‹ – wo man bequem
übernachten und auf der romantischen Aussichtsterrasse
speisen kann – weiter oben das ›Ristorante Pinocchio‹
und nahe Gemeindehaus und Postamt das ›Ristorante
Centro‹. Alle zu empfehlen, doch heute wollen wir im
Garten des ›Centro‹ ausruhen und bei dem tüchtigen
Wirtepaar unsere Lieblingsgerichte essen:

Mein Mann liebt »Lavarello«, Felchenfilet frisch vom Lago Maggiore, ich habe Appetit auf das ausgezeichnete Steinpilzrisotto mit Kalbspiccata alla milanese. Ein langer heiterer Abend beschließt den Wandertag.

Felchenfilet (Lavarello) aus dem Lago Maggiore

Für 2 Personen:
vier schöne Felchenfilets, ca. 300 g
wenig Olivenöl
Mehl
Salz, Pfeffer

Fische leicht würzen und etwas einmehlen. Anbraten, immer mit der Hautseite beginnen, erste Seite 1 Minute, zweite nur ein paar Sekunden.
Fische auf eine gewärmte Platte legen.

Für die Sauce:

20 g kalte Butter in Würfelform
halbe Zitrone geschält, in Scheiben, ohne Kerne
Worchestersauce, Salz, Pfeffer, wenige Kapern

Alles nacheinander beifügen in die Pfanne, in der die Fische gebraten wurden. Ca. 30 Sekunden bei mittlerer Hitze in der Pfanne schwenken. Die Butter darf nicht ganz schmelzen.

Gericht umgeben mit Saisongemüse, Kartoffeln oder Reis.

Piccata alla Milanese

Für 2 Personen:
4 schöne Schnitzel von der Kalbsnuss, ca. 300 g
Mehl, Salz, Pfeffer
2 ganze Eier
ca.100 g geriebener Parmesankäse
etwas Marsala

Schnitzel leicht würzen, bemehlen.

Für den Mantel:
Eier schaumig schlagen und mit Parmesan vermengen. Die bemehlten Schnitzel durch die Ei-Parmesan-Masse ziehen. und in der Pfanne mit einem Faden Öl in genügend Wärme braten. Erste Seite 1 Minute, zweite Seite bis goldfarben.
Die gebratenen Schnitzel auf einer gewärmten Platte anrichten und mit ein wenig Fleisch-Jus mit Marsala servieren.

Ratafia oder Nocino
Walnusslikör

Am Johannistag, dem 24. Juni, werden etwa 10 bis 15 noch unreife Walnüsse geerntet. Die noch weichen Nüsse werden mitsamt der Schale zerkleinert und in 700 ml guten Grappa gelegt. Dazu kommen 1 Vanilleschote, 1 Zimtstange, 3 Nelken und ein wenig Muskatnuss. Die Mischung muss 40 Tage in der Sonne ziehen, bis sie sich dunkel färbt. Ab und zu wird sie geschüttelt. Zum Schluss wird sie mit Läuterzucker aufgefüllt. Dazu werden 350 g Zucker in 3/4 l Wasser aufgekocht und abgekühlt dazugegeben. Der Likör wird filtriert und in Flaschen abgefüllt.

Giornico und Sassi grossi

Im renommiertesten italienischen Weinführer Veronelli werden unter den Spitzenweinen der höchsten Kategorie zwei Tessiner Merlot aus Giornico geführt: der ›Trentasei Merlot del Ticino‹ und der ›Sassi grossi MdT Doc‹. Man hält es kaum für möglich: von den oft nur fußballfeldgroßen Rebgütern zwischen den Granitfelsen des hoch gelegenen Giornico kommen diese Spitzenweine? Es lohnt sich, das nachzuprüfen, denn Giornico ist in mancher Beziehung ein besonderer Ort.

Im Oktober, wenn es am Lungolago von Locarno und Ascona von Sonnenhungrigen wimmelt, wenn sich auf der Flucht vor den feuchtgrauen Tagen im Norden die Blechlawinen auf der Alpensüdrampe stauen, fahren wir antizyklisch auf der alten Landstraße längs des Tessinflusses hinauf. Ich freue mich darauf, endlich einmal in Ruhe Giornico zu betrachten, an dem der Nord-Süd-Verkehr achtlos vorbeibraust – es sei denn, man erhascht vom Schnellzug aus einen kurzen Blick auf seine romanischen Kirchen.

Im Licht des späten Nachmittags präsentiert sich das Dorf besonders eindrücklich: die schlichte Strenge der romanischen Kirchen aus Bruchstein, wie verwachsen mit den Felsen der Landschaft, die hohen alpinen Häuser im alten Dorfkern. Fest muss stehen, was in der unteren Leventina den Granitwänden trotzen soll. Der Ort – an einer der wichtigsten Stellen der Süd-Nord-Passage – war im Mittelalter die Residenz kaiserlicher Vögte. Von Burgen aus wurde der Verkehr der Handelskarawanen kontrolliert; ein Teil des alten Gotthardwegs und der Bogenbrücken über die Arme des Tessinflusses sind noch erhalten. Vor den Strapazen der Passüberquerung fütterte man an der Sust die Lasttiere und halbierte ihre Last, und die Menschen ruhten sich in der Herberge der Familie Stanga aus, an deren Fassade in späteren Jahrhunderten vornehme Gäste ihre Wappen aufmalen haben lassen. Heute ist das stattliche Gebäude ein Museum, in dem historische Gewänder, Münzen und Waffen aufbewahrt werden. Ein Mitglied der Familie Stanga war es denn auch, das in der berüchtigten Schlacht der Sassi Grossi die Leventiner zum Widerstand gegen die Mailänder anführte. Aus der Schule weiß jedes Schweizer Kind, dass die streitlustigen Eidgenossen 1478 über den Gotthard geprescht waren und das Heer des Herzogs Sforza verjagen halfen – nicht ganz uneigennützig, wie der Verlauf der Geschichte zeigt. Als Schülerin hatte ich mit dem kleinen Trupp der Innerschweizer gebibbert, denn der Lehrer hatte geschildert, wie sie in Hirtenhemden, mit Heugabeln und Holzknüppeln das gut ausgerüstete, sechzehntausend Mann umfassende Heer des Mailänder Herzogs zum Teufel jagen wollten! Steinbrocken hatten sie von den Hängen in das enge Tal gewälzt, mit den Sassi grossi in den Reihen des Feindes Verwirrung gestiftet.

Unzimperliche Mordbuben, diese Vorfahren. Doch ihnen und den Leventinern verdanken wir Nachgeborenen, dass die Schweiz – wie undenkbar! – nicht schon am Gotthard aufhört.

›Sassi grossi‹ heißt auch der mit einer Goldmedaille geschmückte Wein aus Giornico. In Giornico-Bodio werden wir heute vom Weinproduzenten Feliciano Gialdi persönlich empfangen. Mit Leib und Seele ist Gialdi bei seiner Arbeit, und es wird zum Erlebnis, ihn in aller Bescheidenheit von seinen Versuchen und Innovationen reden zu hören. Im relativ rauen Klima von Giornico, wo vor Jahren nur ein grobschlächtiger Wein für den Hausgebrauch hergestellt wurde, motivierte er die Winzer zu vermehrter Pflege der Rebstöcke. Er entwickelte spezielle Verfahren zur Überwachung der Gärung und beging mit einer raffinierteren Lagerung der edlen Sorten neue Wege.

Der ›Sassi grossi‹ reift in handgemachten französischen Eichenfässern. Doch neuerdings entsteht im eigenen Haus Konkurrenz durch den Star ›Trentasei‹ – wie sein Name verrät, ist diesem Spitzenprodukt eine Barrique Lagerung von sechsunddreißig Monaten vergönnt! Ein Wein für höchste Ansprüche, der natürlich seinen Preis hat. So ist das erfolgreiche Trio aus Giornico komplett: der bewährte, fruchtige ›Giornico Riserva oro‹, der im Eichenfass gelagerte ›Sassi grossi‹ und der im Barrique lange gehätschelte ›Trentasei‹.

Die 280 Besitzer der kleinen und kleinsten Rebhänge zwischen den Granitfelsen nehmen am Erfolg teil und sind stolz auf das Erreichte. Sie haben sich zu einer Art großer Familie zusammengeschlossen. Und jedes Jahr am achten Dezember, dem Zahltag, feiert Gialdi mit seinen Weinbauern und deren Angehörigen ein großes Fest, an dem bis zu 700 Personen teilhaben!

Zwei Brücken spannen sich hier über die Arme des Tessinflusses, im Abendlicht wirken die Steine im Flussbett wie Arp-Plastiken. Auf einer kleinen Landzunge befindet sich das ›Grotto dei due Ponti‹, wo ein kräftiges Abendessen serviert wird: Kaninchen mit Wildkräutern, Costine

(Rippchen) aus dem Ofen und Polenta mit Pilzen. Dazu schmeckt, wie könnte es anders sein, eine Flasche ›Sassi grossi‹ aus Feliciano Gialdis Weinkeller. Ein so delikater Merlot von diesen Steinhängen? Nun wissen wir: Der Granit speichert die Wärme und gibt sie an die Trauben ab. In Giornico, Biasca und Malvaglia wetteifern die Bauern, wer mehr Öchslegrade einbringt…

Auf dem Rückweg bleibe ich auf der gebogenen Brücke in der Nähe der ehemaligen Zollstation stehen und sehe im Geist vor mir die alte Handelskarawane mit den Maultieren. Nur von fern, wie von der anderen Seite der Welt, höre ich das Rauschen der Autobahn.

Nach einem Rezept aus dem ›Grotto dei due Ponti‹ befragt, entschied sich der Koch für eine seiner gefragtesten Spezialitäten: Malfatti agli spinaci e ortiche, alla crema di burro e salvia. Die Malfatti heißen wortwörtlich die »Missgestalteten«, weil sie mit den Händen geformt werden und unregelmäßig aussehen. Doch sie schmecken köstlich!

Malfatti agli spinaci e ortiche
Malfatti mit Spinat und Brennnessel

Für 4 Personen:
Für die Malfatti:
800 g frischer Spinat
200 g Brennnesselblätter
350 g Ricotta
2 Eier, 100 g geriebener Parmesan
50 g zerlassene Butter
Salz und Muskatnuss, etwas Mehl

Den frischen Spinat und die Brennnesselblätter kurz in reichlich Salzwasser kochen, abkühlen lassen und die Flüssigkeit mit einem Tuch auspressen. Spinat und Brennnesselblätter grob hacken und mit der Ricotta vermischen, dann Eier, Parmesan, zerlassene Butter, Salz und geriebene Muskatnuss nach Geschmack beigeben. Kräftig rühren, bis eine kompakte Masse entsteht.

Mit den Händen nussgroße Bällchen formen, in Mehl wälzen und in einem großen Topf in kochendes, ungesalzenes Wasser geben. Die Klößchen sollten nach etwa 5 Minuten an die Oberfläche steigen; dann mit einem Schaumlöffel herausnehmen und auf vorgewärmten Tellern mit der Butter-Salbei-Sauce anrichten.

Crema al burro e salvia
Butter-Salbei-Sauce

1 fein gehackte Schalotte
10 kleingehackte Salbeiblätter
100 ml Weißwein
200 ml Gemüsebrühe, 200 g Sahne
150 g kalte Butter, in Stücke geschnitten
Salz, Pfeffer und Tabasco

Schalotte und Salbeiblätter in einer Pfanne mit wenig Butter leicht anbraten.

Mit Weißwein ablöschen, einziehen lassen, dann Gemüsebrühe und Sahne dazugeben und bei mittlerer Hitze 10 Minuten kochen lassen. Wenn die Sauce eindickt, die Butter hinzufügen und mit dem Schneebesen verquirlen. Mit Salz, Pfeffer und einigen Tropfen Tabasco würzen.

Das Gasthaus zum Castagneto

Im Herbst bricht im Tessin das Pilzfieber aus. Es ist vor allem eine wilde Jagd auf die »Schweinchen«, die knackigen, dickbauchigen Porcini, wie hierzulande die Steinpilze heißen. An den Wochenenden streben die Profis zu den höher gelegenen Wäldern und Alpen, in der Deckung der Eichenäste suchen sie ihre geheim gehaltenen Plätze auf – schon von Weitem hört man sie mit ihren Stöcken stochern, klöppen. Erst auf dem Heimweg darf man auf ihre Pilzkörbe zeigen und die Sammler ansprechen: »Viele Porcini?« – »Nein, noch weniger als letztes Jahr!« Dann greifen sie in den Korb und zeigen stolz dieses oder jenes Exemplar.

Ich finde paradoxerweise die Pilze nur, wenn ich sie nicht suche. Vor drei Wochen, als noch kein Pilzgeruch zwischen den Bäumen hing, spazierte ich hinter dem Dorf am Waldrand vorbei, ganz wie in Goethes Gedicht, »Ich ging im Walde so für mich hin und nichts zu suchen, das war mein Sinn …« – und entdeckte die schönsten drei Steinpilze meines Lebens: groß, mit prächtigen Rundhüten und straffem, noch von keinem Tierchen vorgekostetem Fleisch.

Paolo, mein Mann, der gerne in Pilzbüchern blättert, betrachtete die Prachtexemplare mit leichtem Neid: »Erstaunlich. Wo du doch sonst nicht so gut siehst!«

»Ein blindes Huhn findet auch einmal ein Korn«, sagte ich lachend und betrachtete den Fund als gutes Omen für die beginnende Pilzsaison.

Im Unterholz und zwischen Steinbrocken sind Pilzformen schlecht auszumachen, mehrmals narren mich Kastanienblätter vom letzten Jahr. Nach drei Stunden krampfhaften Suchens halte ich verschämt den überdimensionalen Pilzkorb vor fremden Blicken versteckt, denn die Ausbeute ist mickrig: zwei kleine, von Maden angefressene Steinpilze, ein Parasol und eine Handvoll undefinierbarer Pilze, die mein Mann für essbar hält.

Zu Hause gibt der Parasol eine köstliche Vorspeise. In Mehl und Ei gewendet und in der Pfanne kurz in Butter angebraten, schmeckt der platte Hut zart und gemüsig, wie eine gedämpfte Aubergine. Zur Identifizierung der unbekannten Pilze macht sich Pino hinter vier offene Pilzbücher, vergleicht die Abbildungen, wird schließlich fündig: Das unbekannte Waldobjekt muss der Semmelstoppelpilz sein.

Aus Vorsicht bereiten wir nur die Hälfte zu, um uns dann am Morgen zu gratulieren: Wir haben es überlebt, können den Rest ohne Bedenken essen. Dass Vorsicht geboten ist, kann man in diesen Tagen immer wieder aus den Tessiner Zeitungen erfahren. In Lugano ist eine ganze Familie wegen Pilzvergiftung ins Krankenhaus eingeliefert worden. Man konnte das Ehepaar und die zwei Kinder aber glücklicherweise nach ein paar Stunden entlassen. Doch am nächsten Tag erschienen sie zum Erstaunen der Ärzte erneut: Sie hatten noch schnell die schmackhafte Sauce der Pilzmahlzeit mit Brot aufgetunkt, in der Meinung, die Sauce allein sei harmlos!

Im Gambarogno, so sagt man uns, seien die besten Pilz-plätze. Wir fahren also an einem der folgenden Sonntage von Vira zur Alpe di Neggia. In der kurvenreichen Straße fallen die zahlreichen geparkten Autos mit italienischen Kennzeichen auf. Gibt es sie vielleicht doch, die im Tessin gefürchtete italienische Pilzmafia, die mit genauen Pilz-karten die schweizerischen Wälder plündert?

Wir klettern den abschüssigen Hang hinauf, aber außer giftigen Knollenblätterpilzen scheint hier nichts zu wach-sen. Zwischen den Stämmen bewegt sich ein anderes Paar. Ich frage mich, ob sie die besseren Augen haben – da rutsche ich aus und kann mich gerade noch an einem Baumstamm als Rettungsanker festhalten.

Das Paar, das offensichtlich aus der italienischen Nach-barschaft stammt, hält inne: »Geht es Ihnen gut?«

Und als ich bejahe, ruft mir der Mann zu: »Haben Sie ge-lesen, dass mehr Pilzsammler sterben, weil sie in den stei-len Wäldern über die Felsen stürzen, als durch Vergif-tung?«

Wir lachen. Zeigen uns die beinahe leeren Körbe. Das Paar, das aus Luino gekommen ist, findet Pilzsammeln auch ohne Pilze ein Vergnügen – ein bisschen Natur, ein bisschen frische Luft.

Und ich mag nicht mehr wie vergiftet weitersuchen.

»Nichts zu suchen, das war mein Sinn ...« Lieber Meister Goethe, sinniere ich, wie kann man im Sinn haben, nichts im Sinn zu haben? Im Gedicht wird das Blümchen erwähnt, das der Dichter mit allen Wurzeln ausgegraben hat: Ein hübsches Mädchen war es, hatte meine Deutsch-lehrerin damals behauptet, und ich hatte, mit Lust am Widerspruch eingewandt, er habe doch an den Hängen des Ätna nach der berühmten Urpflanze gesucht.

»Weißt du was, wir wandern jetzt auf den Monte Gambarogno und suchen die Urpflanze«, schlägt Paolo vor.

Von der Alpe di Neggia, 1400 Meter hoch gelegen, geht es über einen Plattenweg eine knappe Stunde hinauf zum 1700 Meter hohen Monte. Die Aussicht belohnt das Unternehmen: Unter uns das Delta von Ascona, in der Höhe, am Eingang des Verzascatals die wuchtige Staumauer, dann die Hänge von Brissago und die angrenzenden italienischen Orte am See.
Auf dem Heimweg studieren wir an den Türen der Gaststätten die Tafeln mit den aktuellen Menüvorschlägen.
»Da – es gibt schon Trüffel«, sagt mein Mann. Doch mein Sinn steht nicht nach Trüffeln.

Letztes Jahr waren wir im Herbst im benachbarten Piemont, wo wir die Trüffelmesse in Alba besuchten. In einem zeltartigen Santuario werden dort die edelsten Exemplare des Tuber magnatum pico, wie der wissenschaftliche Name des Pilzes lautet, von den Priestern des Tartufo beweihräuchert; vor ihnen Trüffelwaagen, die die Goldwaagen an Feinheit zu übertreffen scheinen. Neben den eleganten Händlern fielen die Trifolao auf, bäurisch gekleidete Trüffelsucher, die ihre Funde willig über den Tisch reichten, damit der Betrachter sie sinnlich wahrnehmen konnte: Fingerspitzen ertasteten die Kugeln auf Festigkeit und Elastizität und verschieden geformte Nasen senkten sich herab und erwitterten den Geruch.
Ein Trifolao mit langem Bart und Filzhut, eine Art piemontesische Ausgabe des Alm-Öhi, zeigte mir eine dunkle, knorrige Trüffel: »Eine Eichentrüffel, es ist die gefragteste«.

Dann reichte er mir ein anderes Kügelchen: »Raten Sie, Signora, ob der Pilz unter einer Weide, unter einer Linde oder einer Pappel gewachsen ist!«

Ich schnupperte gehorsam. Fand, das Gebilde rieche keineswegs nach Bäumen, sondern nach Kellermuff und Schimmel, vermischt mit einer Prise von profanem Latrinengeruch. Betäubt schwieg ich. Reichte dann das vom vielen Befingern unansehnlich gewordene Knöllchen dem Bärtigen zurück. Blickte auf das Preisschild: Das kleine Ding war stolze fünfzig Schweizerfranken wert!

An diesem Abend verlangte ich in der Trattoria keine Trüffelpasta, obwohl links und rechts von mir mit einem Spezialhobel das Kleinod über die Pasta gerieben wurde.

Auch jetzt ist mir der Kult um diesen Pilz zuwider, und ich ziehe Steinpilze mit ihrem ehrlichen, waldigen Geschmack vor. Müde zurück vom Gambarogno, hinten im Wagen den fast leeren Pilzkorb, habe ich Lust auf ein Gericht mit Steinpilzen.

»Ja, diesen Herbst möchte ich keine Trüffel, mein Sinn steht nach Porcini, nach Steinpilzen mit ihrem redlichen Waldgeruch!«, sagte ich zu meinem Mann.

»Nun«, riet Paolo, »fahren wir doch wieder einmal zum ›Castagneto‹!« Es war ein schöner, noch warmer Spätherbsttag und wir fuhren mit dem Auto nach Ponte Brolla.

»Wie kann man auch ohne Auto dahingelangen?«, fragten unsere jungen Freunde. »Ganz einfach, ihr nehmt die Centovallibahn (vom unterirdischen Bahnhof im Hauptbahnhof Locarno) und steigt nach ein paar Minuten aus bei der Station Ponte Brolla. Dann langsam zu Fuß über die Brücke, sie gewährt einen atemraubenden Blick auf die Felslandschaft! (Sonnenbaden ist hier riskant, denn in den tiefen Felslöchern brodelt der Fluss, zum Baden empfiehlt sich jedoch die nahe Bucht von Tegna!) Doch ihr wollt ja essen gehen, so überquert nach der Brücke die Geleise der Centovallibahn, denn im baumbestandenen Dreieck unter den kahlen Felsen befinden sich ein paar Edelrestaurants. Wohl alle exquisit, doch mein Preferito ist die Wirtschaft ›zum Castagneto‹, zum Kastanienbaum!«

Mit dem Auto findet Paolo meist einen Parkplatz, bevor man durch das Gartentor des ›Gasthauses zum Castagneto‹ geht. Zu jeder Jahreszeit gibt es hier etwas zu bestaunen: Im Winter die mit Kerzenlicht erleuchteten Tannenbäume, die den Weg zeigen, wo die Jagdspezialitäten zu kosten sind, jetzt im Herbst empfängt uns die witzige Welt der rundbauchigen Kürbisse in toller Farbenpracht! Letzte Woche wählten wir Kürbissuppe, dann mit einer Fleischspeise Kürbisgemüse, schön präsentiert.
Auf die Frage, aus welchen Kürbissen die hervorragende Suppe gemacht wird, lachte Emma Codiferro, »Nein, nicht aus den runden, farbigen!« Und sie zeigte auf die seltsamen langen Blaugrünen, die draußen auf den Steintischen lagen. »Zucca Napoli, heißen sie!«
Ich bekam das Rezept:

Feinste Kürbissuppe:

2 EL Butter
1 mittelgroße Zwiebel
400 g Kürbisfleisch (Zucca Napoli)
8 ml Gemüsebrühe
150 ml Rahm
100 ml Orangensaft
1 Prise Ingwerpulver

Kürbis in Stücke schneiden, die gewürfelte Zwiebel kurz anbraten. Kürbis zugeben, alles 20 Minuten kochen lassen, pürieren. Mit Kürbiskernen und Kürbiskernöl garnieren.

Nun aber war Pilzzeit, ich hatte Lust auf Steinpilze, auf ein gutes Porcini-Gericht!
Roberto Codiferro, ein einfallsreicher und sorgfältiger Koch, weiß, dass die Liebhaber von Steinpilzen möglichst einfache, unverfälschte Pilzgerichte lieben und serviert uns Funghi trifolati mit Polenta. Neugierig, was trifolati bedeuten könnte, schaue ich im Wörterbuch nach und staune als Trüffelverächterin nicht schlecht, dafür den deutschen Ausdruck »getrüffelt« zu finden!
Doch Emma Codiferro beschwichtigte mich, die mit Petersilie und Knoblauch zubereiteten Steinpilze haben nichts mit Trüffeln zu tun! Und ich erhielt das Rezept:

Funghi trifolati
Gedünstete Steinpilze

Für 4 Personen (als Primo):
500 g frische Steinpilze
1 Knoblauchzehe, einige Zweige Petersilie
EL Olivenöl, 40 g Butter Salz und Pfeffer

Mit einem Messer die Erde vom Fuß der Pilze entfernen. Pilze mit einem feuchten Tuch abreiben und in Scheiben schneiden. Die Knoblauchzehe schälen. Petersilie waschen, trockenschütteln und hacken. Etwas für die Garnitur beiseitelegen. Petersilie und durchgepressten Knoblauch im Öl-Butter-Gemisch vorsichtig erhitzen und die Pilzscheiben dazugeben. Mit Salz und Pfeffer würzen und etwa 10 Minuten schmoren lassen. Gelegentlich mit einem Holzlöffel umrühren. Zum Schluss mit der restlichen Petersilie bestreuen. Die Funghi trifolati schmecken als Beigabe zu Fleisch sehr gut.

Mein Lieblingsdessert! Meine Freunde wissen, es darf im ›Castagneto‹ nie fehlen: Semifreddo alle castagne/Kastanien-Halbgefrorenes (Rezept auf S. 47).

Winterliche Freuden im Gambarogno

Nie ist das Tessin schöner als im Dezember. Die Touristen sind fort, zurück bleiben die stillen Liebhaber.

Unter der Glasglocke des winterlichen Himmels rücken die Dörfer am Fuß des Gambarogno zusammen, die Berge erscheinen rundlicher, sanfter, und der rötliche Waldüberzug der Hänge wird flauschig. Im See zeigt sich auf der leicht bewegten Wasserfläche das Spiegelbild: kupferne Farbtupfer in metallischer Bläue.

Den ganzen Tag gibt es zu schauen, denn im Winter wird der Gambarogno mit seinen Hängen zu einer Projektionsfläche des Lichts.

Nur mit Mühe stemmt sich morgens um neun der Sonnenball von der Rückseite des Bergs auf die Höhe des Monte Paglione. Selbst noch unsichtbar, legt er als ersten Gruß schräge Lichtbahnen über die benachbarten Hügel. Dann erscheint ein Goldrand über der Kuppe, gleißt, funkelt, die Sonnenscheibe steigt langsam auf. Der erloschene Berghang beginnt zu leben und verwandelt sich in ein waberndes, regenbogenfarbiges Strahlengeflecht.

Stündlich verändert sich während des Tages die Beleuchtung und der Charakter der Hügelzüge. Licht und Schatten grenzen sich schärfer ab als im Sommer, topographische Unebenheiten treten reliefartig hervor. Auch die Abende haben ihr feierliches Ritual. Man kann den Schatten zusehen, wie sie aus dem See die Hänge hinaufsteigen bis zu den Waldlichtungen der Monti di Vairano, der Monti di Gerra und den Alpwiesen der Cento Campi. Die sepiafarbenen Schattenrinnen zwischen den Flanken vertiefen sich, trennen Dorf von Dorf. Der weiße senkrechte Faden in der Felsspalte ist ein eingefrorener Wasserfall. Noch legt der erlöschende Tag seine Feuer auf Felsen und hoch gelegene Waldstücke, doch am Wasser sind die Hügelpranken schon dämmrig, die Wiesen aschfarben, und in den Dörfern mit ihren knochenhellen, zerstreuten Kuben gehen die ersten Lichter an.

Mitte Dezember ist die Temperatur auch südlich der Alpen bis zur Nullgradgrenze gefallen: Weihnachten liegt in der Luft.

Wie jedes Jahr zieht es uns hinüber nach Vira zu den Krippen und zu einem guten Essen im ›Ristorante Rodolfo‹. Das schöne alte Haus in der Mitte des Dorfes beherbergt einen Familienbetrieb: Urgroßvater und Großvater des heutigen Besitzers haben schon die Gaststätte geführt, und der Vater Edgardo Ratti, ein bildender Künstler, hat viel für die Kultur des Gambarogno getan. Sein Sohn Waldis Ratti weiß die Talente zu vereinen: Als Wirt sorgt er für den ausgezeichneten Ruf des Restaurants und seine kulturellen Initiativen kommen dem Dorf zugute. Jetzt, im Dezember, liegt ihm die Krippenaktion am Herzen. Eingehüllt in Schal und Mäntel, spazieren wir nach dem Einbruch der Dämmerung durch das Dorf. Im Labyrinth der alten Gassen öffnet sich wie in einem Adventskalender eine Überraschung nach der anderen, der Dorfkern mit seinen Durchgängen, Innenhöfen, den Bögen und Nischen hat sich in ein kleines Bethlehem verwandelt. Projektoren zaubern Bilder auf die alten Mauern, Künstler, Dorfbewohner und Schulkinder haben

Krippen und Figuren gestaltet. Den geistigen Mittelpunkt bildet die aus dem 17. Jahrhundert stammende Pfarrkirche San Pietro am See. Nicht umsonst hat sie den Fischer Petrus zum Patron: Die Dörfer des Gambarogno und der See bildeten eine Lebenseinheit. Früher waren diese Dörfer nur auf dem Wasserweg zu erreichen und viele der Bewohner ernährten sich vom Fischfang.

Uns ist kalt geworden, und wir flüchten in das ›Ristorante Rodolfo‹, wo sich in der Vorabendzeit die Dorfleute zum Schwatz und Aperitif im Kaminraum zusammenfinden. Zum Essen ist es noch zu früh. Doch ein Glas Glühwein, auf der Kaminbank dicht am knisternden Feuer getrunken, weckt unsere Lebensgeister wieder. So sind wir bereit, der Einladung des Padrone zu folgen, vor dem Essen noch hinüber zur Brissagoinsel zu fahren, deren Bewirtschaftung er durch einen Pachtvertrag übernommen hat. Im Sommer kann man dort auf der Terrasse seine bewährte Küche genießen, nun, im Winter, ist der Palazzo nur für größere Veranstaltungen geöffnet. Für eine dieser Gesellschaften hat Waldis Ratti Körbe mit Lebensmitteln gepackt, die er mit dem Schiff hinüber in die Küche des Prachtbaus bringt.

Es ist ein besonderes Erlebnis, über den dunklen, winterlichen See zu fahren. Wir nähern uns rasch der größeren der zwei Inseln und ihrem schwach erhellten Palazzo, legen unter Weidenzweigen an. Im Garten stehen die subtropischen Pflanzen – 1800 verschiedene Gewächse sollen hier gedeihen – schemenhaft und fröstelnd in der Dämmerung. Man hofft auf mildere Tage, viele der Pflanzen im Botanischen Garten ertragen keine Temperaturen unter Null.

Im Schatten einer Laterne nickt mir der Geist der russischen Baronesse Antonietta de Saint-Léger zu. Die schöne, eigenwillige Dame aus Sankt Petersburg hat 1885 die Inseln erworben und den Botanischen Garten angelegt. Doch dann geriet sie in finanzielle Schwierigkeiten und war gezwungen, das kleine Paradies 1927 an den Hamburger Kaufmann Max Emden zu verkaufen. Der Warenhauskönig, der eine Schwäche für junge Mädchen hatte, erbaute den heutigen neoklassizistischen Palazzo. An der Stelle der alten Kirche San Pancrazio ließ er ein römisches Bad errichten, in dem sich – wie Fotos zeigen – die jungen Schönheiten wie Nymphen tummeln konnten. Die Baronesse starb 1948 verarmt im Altersheim von Intragna.

Inzwischen ist die Zeit der reichen Träumer vorbei, die Inseln mit ihrem Botanischen Garten sind im Besitz des Kantons Tessin, und im Sommer erwartet man die Schiffe mit den Touristenströmen.

Noch einmal steigen wir ins Schiff, Wasservögel schreien. In Vira bei ›Rodolfo‹ erwartet uns das Abendessen. Fische sind eine Spezialität des Hauses: ›Pesce in scarpione‹ ist als Vorspeise mit einem Glas Weißwein sehr zu empfehlen. Kaninchen mit Rosmarin, unser Hauptgang, schmeckt mit einem Schluck Merlot an einem kalten Abend besonders gut.

Die winterliche Landschaft am Lago Maggiore erscheint uns kurzlebigen Menschen ewig gleich, mit ihrem langen Atem wird sie wohl noch viele Generationen erfreuen und stärken. Doch wechselnde Zeiten ändern menschliche Verhältnisse: Das Gasthaus mitten in Vira, die ›Antica Casa Rodolfo‹, ist seit Sommer 2021 in neuen Händen und heißt nun ›Missultin – Slow Lake Cuisine‹. Dem neuen Besitzer, der das Haus im alten Stil renovieren ließ, sei Glück gewünscht und gehofft, die Osteria dürfe neben der neuzeitlichen guten Küche auch ein bisschen von der alten Gemütlichkeit beibehalten ...

Pesce in scarpione
In Rotweinessig marinierter Fisch

Für 4 Personen:
1 Karotte
1 große Zwiebel
1 Stange Lauch
3 – 4 EL Olivenöl
½ l Rotwein
½ l Rotweinessig (wenn möglich hausgemacht)
1 Lorbeerblatt
4 Felchen (oder andere kleine Fische)
Salz und Pfeffer
etwas Petersilie

Das Gemüse putzen, waschen und klein schneiden. Kurz in etwas Olivenöl andünsten, Rotwein, Rotweinessig und Lorbeerblatt hinzufügen und etwa 20 Minuten köcheln lassen. Die Fische salzen, pfeffern und im restlichen Olivenöl braten. Die Fische in eine Form geben, mit dem marinierten Gemüse bedecken und mit Petersilie bestreuen. Das Ganze mindestens zwei Tage kühl aufbewahrt ziehen lassen.

Kaninchenragout mit Rosmarin

Für 4 Personen:
1 Kaninchen (zerteilt)
Salz und Pfeffer
100 g Butter
3 Zweige Rosmarin
400 ml Weißwein

Das Kaninchenfleisch von den Knochen lösen und in Stücke schneiden. Die Kaninchenstücke mit Salz und Pfeffer würzen. Die Butter in einer ofenfesten Pfanne schmelzen. Das Kaninchenfleisch in der heißen Butter goldbraun braten.
Den Rosmarin dazulegen, mit Weißwein ablöschen und zugedeckt im vorgeheizten Backofen bei 200 °C etwa 60 Minuten weich schmoren.
Ab und zu mit der Sauce begießen.

Dazu wird Polenta serviert:
1 ½ l Wasser mit Salz aufkochen. 300 g groben Maisgrieß hineinstreuen und langsam einrühren. Auf kleiner Flamme köcheln lassen, bis die Polenta eingedickt ist. Häufig umrühren. Zum Schluss mit Pfeffer würzen.

Quellenvermerk

Piero Bianconi (S. 59 f.)
aus: *Der Stammbaum. Chronik einer Tessiner Familie.*
© 2017 by Limmat Verlag, Zürich. Abdruck mit freundlicher
Genehmigung des Limmat Verlags, Zürich.

Hermann Hesse (S. 13, 17, 46, 47/49)
S. 13, aus: *Eigensinn. Autobiographische Schriften.* © Suhrkamp Verlag,
Frankfurt am Main 1972.
S. 17: *Gesammelte Briefe. Vier Bände (Leinen).* © Suhrkamp Verlag,
Frankfurt am Main 2003.
S. 46, aus: *Sämtliche Werke in 20 Bänden. Herausgegeben von Volker
Michels, Band 11: Autobiographische Schriften 1.* © Suhrkamp
Verlag, Frankfurt am Main 2003.
S. 47/49, aus: *Sämtliche Werke in 20 Bänden. Herausgegeben von Volger
Michels. Band 10: Die Gedichte.* © Suhrkamp Verlag, Frankfurt am
Main 2002.
Alle Rechte bei und vorbehalten durch Suhrkamp Verlag Berlin.
Abdruck mit freundlicher Genehmigung des Suhrkamp Verlags,
Frankfurt am Main.

Patricia Highsmith (S. 33)
aus: *Tage- und Notizbücher,* herausgegeben von Anna von Planta; aus
dem Amerikanischen von Melanie Walz, pociao, Anna-Nina Kroll,
Marion Hertle und Peter Torberg. © 2003 Diogenes Verlag AG,
Zürich. Abdruck mit freundlicher Genehmigung der Diogenes
Verlags AG, Zürich.

Plinio Martini (S. 18, 21)
aus: *Nicht Anfang und nicht Ende.* © 2016 by Limmat Verlag, Zürich.
aus: *Requiem für Tante Domenica.* © 2002 by Limmat Verlag, Zürich.
Abdruck mit freundlicher Genehmigung des Limmat Verlags,
Zürich.

Salvatore Quasimodo (S. 106)
aus: *Das Leben ist kein Traum. Ausgewählte Gedichte* (ital./dt., Übers.:
Gianni Selvani), © 1960 Piper Verlag GmbH, Zürich/München.
Abdruck mit freundlicher Genehmigung der Piper Verlags GmbH,
Zürich/München.

Register

Die wichtigsten Zutaten (und Bezeichnungen der Gerichte) sind alphabetisch aufgeführt: so lassen sich die einzelnen Rezepte leicht finden. Vegetarische Gerichte sind kursiv gesetzt.

Mentona Moser – eine Unbeugsame,
die die europäische Welt des 20. Jahrhunderts
bewegt hat – und vergessen wurde.

Eveline Hasler
Tochter des Geldes

Ein verwunschenes Schloss um 1900 am Zürichsee, eine einsame
Kindheit, in der nur die Natur und manchmal die ältere Schwester
Zuflucht boten. Früh brach Mentona aus und widersetzte sich: erst
den Erwartungen der Mutter, später den vorgezeichneten Rollenbil-
dern und den Erwartungen der Zeit. Ihr Weg führte sie nach London, Berlin und Moskau.

ISBN 978-3-312-01114-8

NAGEL & KIMCHE

Zürich in den 30er Jahren: Ein starkes
Porträt von Menschen, die mit angehaltenem
Atem das Ungeheure erwarten.

Eveline Hasler
Stürmische Jahre

Thomas Mann mit Familie, Franz Werfel, Annemarie Schwarzen-
bach, Alma Mahler – berühmte Autoren fanden vor dem Krieg in
Zürich zusammen – mittendrin das heute vergessene Ehepaar Ferdi-
nand und Marianne Rieser. In ihrer romanhaften Art erzählt Eveline Hasler von der angstvoll kreativen Anspannung in einer unru-
higen Zeit.

ISBN 978-3-312-00668-7

NAGEL & KIMCHE

Ein himmlisch-vergnügliches Abenteuer
voller Humor, das uns nicht nur zu Weihnachten
an das wirklich Wichtige erinnert.

Eveline Hasler
Tag der offenen Tür im Himmel

Schnuppertag im Paradies: Um die Menschen an die Verheißungen
des Himmels zu erinnern, wird dort ein Tag der offenen Tür organi-
siert. Das kriegt die Hölle spitz und schickt Teufel Ronaldino als
Spion. Wie die menschlichen Besucher ist allerdings auch er überrascht und begeistert vom Angebot.

ISBN 978-3-312-01036-3

NAGEL & KIMCHE